Eliphas Levi

Das große Mysterium

Herausgeber der Buchreihe SYMBOLON
Dr. Peter Orban

Bisher erschienene Titel
Manfred Kyber: Einführung in
das Gesamtgebiet des Okkultismus
Hans Blüher: Traktat über die Heilkunde
Erwin Reisner: Vom Ursinn der Geschlechter
Carl du Prel: Das Rätsel des Menschen
Eliphas Levi: Das große Mysterium

ELIPHAS LEVI

DAS GROSSE MYSTERIUM

Hesse Becker

im Weiss Verlag GmbH
März 1986
Umschlaggestaltung: Martin Orban
Gesamtherstellung: Franz Spiegel Buch GmbH, Ulm

Printed in Germany

ISBN 3-8036-3005-3

1. Auflage 1986

VORWORT

Wer heute hinter die Kulissen des sogenannten Okkultismus in Deutschland schauen kann, sieht die grauenhafte Verwirrung, die eine stets wachsende Anzahl von „Meistern", und „Menschheitslehrern" in die Köpfe der Suchenden und nach Wahrheit Ringenden brachte. Mit uns wird er die Notwendigkeit erkennen, diese vielen Ideen und Lehren auf ihren Wahrheitsgehalt hin zu prüfen, um damit einen Weg zu finden, der die Wahrheit tatsächlich zum Ziele hat. Einen solchen weist mit unerbittlicher Klarheit Eliphas Levi, der wirklich „ein Großer" des Wissens war.

Er steht nie im Vordergrund des Themas, das er behandelt, nie vermißt er sich einen dogmatischen, lehrhaften Ton anzuschlagen. Er schildert nur, entwickelt Gedanken, indem er von schlichtesten Tatsachen ausgehend die konzentrischen Kreise immer enger werden läßt, bis er zum Mittelpunkt seiner gesamten Darstellung kommt: GOTT!

Er hat im Grunde mit dem landläufigen Begriff des Magiers und Zauberers, auch mit jenem moderner Lehren über diesen Begriff nicht das geringste zu tun. Eliphas Levi ist immer Priester, religiöser Lehrer! Den Pfarrer weist er weit zurück, den Priester nur erkennt er an, den wir alle in uns tragen. Er hat ihn in sich geläutert und zeigt uns den Weg dieser Läuterung. Dies ist sein Magiertum.

So kommt er zur Scheidung der Begriffe jeden okkulten Gebietes. Messerscharf ist seine Kritik derselben und ihrer Anschauungen. Unerbittlich, streng und klar legt er die kranken Stellen bloß und zeigt den Weg zur Heilung. Hierin liegt, wie er selbst in seinem „Dogma der hohen Magie" immer wieder sagt, die Gefahr seiner Werke. Da er tief in den geistigen Organismus eindringt, legt er Räderspiele frei, die für oberflächliche, egoistische Augen ungeheure Gefahren bergen! Wir waren uns dessen wohl bewußt! Aber ist es um der zehn Törichten willen klug zu schweigen? Und würden sie nicht auch auf anderem, vielleicht gefährlicherem Weg zur selben Materie kommen? Wie oft hat die katholische Kirche, diese „große Hüterin der wahren Dogmen und Rituale" — daß doch jeder ihrer Priester dieses Werk in Händen hätte — diesen Weg eingeschlagen und hat zur Unzeit geschwiegen! Welches Meer von Unheil ist aus ihrem Schweigen entstanden.

In noch einer Hand würden wir gerne diese Ausgabe sehen, in der des Gelehrten und Wissenschaftlers, dem sich hier eine Fundgrube von Wahrheiten und Tatsachen jener Gebiete erschließt, über die er heute grübelt, die er infolge ihrer falschen Interpretation nicht anerkennen kann und mit Recht zurückweisen muß. Hier werden ihm Wege gezeigt, welche die Rätsel der Psychoanalyse, dieser halbverstandenen und halbverkannten Lehre enthüllen, die ihm Klarheit und Zuversicht geben in allen Fragen moderner Chemie, Medizin und Technik.

Nur eines wünschen wir dieser Ausgabe: daß ihre einzelnen Abteilungen recht viele zum Wohle unseres armen Vaterlandes und ihrer selbst in den stillen Stunden der Erbauung anregen und ihnen Kraft und Mut geben mögen auf dem schweren Weg, den wir bereits gehen und dem noch weit schwereren, den wir zurückzulegen vor uns haben.

Allen jenen, die uns mit Rat und Tat in dieser schweren Arbeit zur Seite standen und stehen, sprechen wir auch an dieser Stelle unseren herzlichen Dank aus.

Der Herausgeber.

Vorbemerkung des Herausgebers

Über Eliphas Levi (Zahed) gibt es mehrere Biographien, eine davon in deutscher Sprache (R. H. Laarss: Eliphas Levi), seine Hauptwerke sind heute im Buchhandel greifbar, so daß unsere Vorbemerkung knapp ausfallen darf.
Sein bürgerlicher Name war Alphons-Louis Constant. Er hat diesen Namen, einem okkulten Brauch folgend (als versierter Kenner der Kabbala) hebräisiert zu Eliphas Levi Zahed.
Er lebte von 1810 (hier irrt Laarss, der 1809 angibt) bis 1875 und gilt als der führende Kopf auf dem Gebiet der Magie.
Das vorliegende Buch, dessen deutsche Ausgabe 1925 erschien (und das seitdem nicht wieder aufgelegt worden ist) wird von uns unverändert wieder herausgegeben. Das Vorwort des damaligen Herausgebers Fritz Werle haben wir ebenfalls so belassen. Es liest sich auch nach 60 Jahren so, als wäre die Zeit stehengeblieben.

ERSTES BUCH

Das königliche Mysterium
oder die Kunst die Mächte zu unterwerfen.

I. Kapitel.

Der Magnetismus.

Die Kraft des Magnetismus ist analog der des Magneten; sie ist in der ganzen Natur verbreitet.

Ihre Eigenschaften sind: die Kraft des Anziehens, des Abstoßens und der sich ausgleichenden Polarisation.

Die Wissenschaft legt die Erscheinungen des astralen und mineralischen Magnetismus dar. Der tierische Magnetismus tritt täglich in Erscheinung durch Tatsachen, welche die Wissenschaft mit Mißtrauen beobachtet, die sie aber bereits nicht mehr leugnen kann, obwohl sie, um sie gelten zu lassen, mit Recht erwartet, daß man dabei durch eine unbestreitbare Synthese die Analyse zu beendigen vermag.

Bekanntlich erzeugt das Magnetisieren, hervorgerufen durch den tierischen Magnetismus, einen außergewöhnlichen Schlaf, während dessen die Seele des Magnetisierten in eine vollkommene Abhängigkeit vom Magnetiseur gerät, mit der Eigentümlichkeit, daß die schlafende Person ihr eigenes und ihr eigentümliches Leben zu verlassen scheint, um einzig die Phänomene des Universallebens zu offenbaren. Sie spiegelt die Gedanken der anderen, sieht anders als mit den Augen, ist überall gegenwärtig ohne ein Bewußtsein vom Raum zu haben, nimmt die Form besser als die Farben wahr, überspringt die Zeiträume oder vermischt sie, spricht von der Zukunft, als ob es die Vergangenheit sei, von der Vergangenheit, als sei es die Zukunft, erklärt dem Magnetiseur seine eigenen Gedanken, ja bis zu den geheimsten Vorwürfen des Gewissens. In sein Gedächtnis beschwört sie Geister von Menschen, an die er denkt und beschreibt sie aufs genaueste, ohne daß die oder der Somnambule sie jemals gesehen hat. Sie spricht die Sprache der Wissenschaft mit dem Gelehrten und diejenige der Phantasie mit dem Dichter, entdeckt die Krankheiten und verkündet deren Heilmittel, gibt sehr oft weise Ratschläge, leidet mit dem, der leidet und stößt zuweilen einen schmerzhaften Schrei aus, womit sie Leiden anzeigt, die noch kommen müssen.

Diese seltsamen aber unwiderleglichen Tatsachen bringen uns zu dem Schluß, daß es ein Leben geben muß, das allen Seelen gemein ist, oder wenigstens eine Art Spiegel für alle Gedanken und Erinnerungen, in welchem wir uns gegenseitig sehen können, wie es bei einer Menge geschieht, die an einem Spiegel vorübergeht. Dieser Spiegel ist das odische Licht des Freiherrn von Reichenbach, unser astrales Licht, die große treibende Kraft des Lebens, die von den Hebräern Od, Ob und Aour genannt wird. Der Magnetismus, der vom Willen des Ausführenden gelenkt wird, ist Od, der passive Somnambule ist Ob; die Wahrsagerinnen des Altertums waren Somnambule, trunken von dem passiv astralen Licht. Dieses Licht wird in unseren heiligen Büchern Geist der Python genannt, denn die Schlange Python ist in der griechischen Mythologie sein allegorisches Bild.

In seiner doppelten Tätigkeit wird es auch durch die Schlangen des Merkurstabes dargestellt; die Schlange zur Rechten ist Od, die zur Linken ist Ob, und in der Mitte auf dem Gipfel des Merkurstabes glänzt die Goldkugel, die Aour oder die Lichtgleiche darstellt.

Od zeigt das freigelenkte Leben an, Ob das Leben des Schicksals. Deshalb sagt der jüdische Gesetzgeber: „Weh denen, die wahrsagen durch Ob, denn sie rufen den Geist des Schicksals auf, das ist ein Vergehen gegen die Vorsehung Gottes und gegen die Freiheit des Menschen!“

Es ist ganz gewiß ein großer Unterschied zwischen der Schlange Python, die sich im Schlamme der Sündflut wälzte, die Sonne mit ihren Pfeilen durchbohrte, und jener, die sich um den Aeskulapstab windet, ebenso wie zwischen der Versuchungsschlange aus Eden und der ehernen Schlange, welche die Kranken in der Wüste heilte. Diese beiden Schlangen, einander gegenüber gestellt, geben in der Tat ein Bild von den entgegengesetzten Kräften, die man vereinigen kann, die sich aber niemals vermischen dürfen. Dadurch, daß das Szepter des Hermes sie trennt, versöhnt es sie und vereinigt sie in gewisser Weise. Und so geht für das durchdringende Auge der Wissenschaft aus der Analogie die Harmonie der Gegensätze hervor.

Zwang und Freiheit sind die beiden großen Gesetze des Lebens; diese beiden Gesetze sind eins, denn das eine ist dem anderen unerläßlich.

Der Zwang ohne Freiheit wäre schicksalhaft, wie die Freiheit ohne das Band der Notwendigkeit Unsinn würde. Recht ohne Pflicht ist Torheit. Pflicht ohne Recht ist Sklaverei.

Das ganze Geheimnis des Magnetismus besteht darin, das Verhängnis des Ob zu lenken durch die Klugheit und Gewalt des Od, um daraus das vollkommene Gleichgewicht des Aour zu schöpfen.

Wenn ein nicht ausgeglichener und dem Verhängnis der ihn beherrschenden Leidenschaften unterworfener Magnetiseur seine Wirksamkeit auf das verhängnisvolle Licht ausüben will, so gleicht er einem Mann, der mit verbundenen Augen auf ein blindes Pferd steigt und es mit heftigen Sporenstößen inmitten eines Waldes voller Unebenheiten und Abgründe forttreibt.

Die Wahrsager, die Kartenleger, die Somnambulen sind alle Halluzinierte, die durch Ob wahrsagen.

Das Glas Wasser der Wahrsagerei aus dem Wasser, die Karten Etteilas, die Linien der Hand etc. versetzen den Hellseher in eine Art von Hypnose. In den Reflexen seiner unsinnigen Wünsche oder habsüchtigen Einbildungen sieht er den Ratgeber, und da er selbst ein Geist ist, wenig gehoben und ohne Willensadel, wahrsagt er Torheiten und suggeriert noch größere, was für ihn übrigens eine Bedingung für den Erfolg ist. Wenn einer, der aus Karten wahrsagt, zu Ehrbarkeit und guten Sitten riete, so verlöre er alsbald seine Kundschaft unterhaltungslüsterner Frauen und hysterischer Jungfern.

Die beiden magnetischen Lichte könnten auch das Licht des Lebens und das Licht des Todes heißen, das eine das astrale Fluidum, das andere der spektrale Phosphor, das eine die Fackel des Wortes, das andere der Schemen des Traumes.

Um ohne Gefahr zu magnetisieren, muß einer das Licht des Lebens in sich tragen, das heißt, er muß ein Weiser und Gerechter sein.

Ein Sklave der Leidenschaften magnetisiert nicht, er fasciniert. Aber der Glanz seiner Fascination vergrößert um ihn den Kreis der Schwindelei, er vervielfacht seine Reize und schwächt mehr seinen Willen. Er gleicht einer Spinne, die sich erschöpft und schließlich in ihren eigenen Fäden gefangen hängt.

Bis zur Gegenwart haben die Menschen noch nicht das erhabene Reich der Vernunft kennen gelernt, sie verwechseln sie mit der kleinlichen, fast immer irrigen Klügelei jedes einzelnen. Indessen würde M. de la Palice ihnen selbst sagen, daß derjenige, der sich irrt, keine Vernunft hat, denn die Vernunft ist genau das Gegenteil unserer Irrtümer.

Die Individuen und die Massen, welche die Vernunft nicht leitet, sind Sklaven des Schicksals. So entsteht die öffentliche Meinung, und die öffentliche Meinung regiert die Welt.

Die Menschen wollen beherrscht, betäubt, fortgerissen werden. Die großen Leidenschaften erscheinen ihnen schöner als die Tugenden, und ihre großen Männer sind oft große Toren.

Der Zynismus des Diogenes gefällt ihnen wie der Charlatanismus des Empedokles. Sie würden nichts so sehr bewundern wie Ajax und Kapaneus, wenn Polyeukt nicht noch rasender gewesen wäre. Pyramus und Thisbe töten sich und sind das Vorbild der Liebenden. Der Erfinder eines Paradoxons wird sicher zu einem Namen kommen. Umsonst überliefern sie durch Verachtung und Neid den Namen des Erostrat der Vergessenheit; dieser Name ist so wahnsinnig schön, daß er über die Wogen ihres Zornes triumphiert und sich ewig in ihr Gedächtnis eingräbt.

Die Narren sind also Magnetiseure oder vielmehr Fascinierende, und das macht die Narrheit ansteckend. Weil man kein Maß hat für das, was groß ist, läßt man sich fangen von dem, was seltsam ist.

Die Kinder, die noch nicht laufen können, wollen, daß man sie nimmt und herumträgt.

Niemand liebt das Ungestüm so sehr wie die Untüchtigen. Die Unfähigkeit zu froher Unterhaltung gebiert einen Tiberius, eine Messaline. Der Pariser Gassenjunge im Paradies des Boulevard möchte Cartouche sein und lacht aus vollem Herzen, wenn er sieht, wie Telemach ins Lächerliche gezogen wird.

Nicht alle finden Geschmack am Opium- oder Alkoholrausch, aber alle möchten ihren Geist berauschen und finden Gefallen daran, ihr Herz im Delirium reden zu lassen.

Als das Christentum durch das fascinierende Bild des Kreuzestodes sich in die Augen der Welt eingrub, sprach ein Schriftsteller jener Zeit den

Gedanken aller aus, indem er ausrief: „Ich glaube, weil es sinnlos ist".

Die Torheit des Kreuzes, wie Paulus selbst es nannte, war damals unwiderstehlich fortreißend. Man verbrannte die Bücher der Weisen, und in Ephesus gab Paulus das Vorspiel zu der Heldentat des Omar. Man stürzte die Tempel, die Weltwunder und die Götterbilder, Meisterwerke der Kunst. Man fand Geschmack am Tode, und man wollte allen Schmuck des gegenwärtigen Daseins niederreißen um sich vom Leben zu trennen.

Den Ekel an der Wirklichkeit begleitet immer die Liebe zu den Träumen: „Quam sordet tellus, dum coelum aspicio!" sagt ein berühmter Mystiker; wörtlich übersetzt: „Wie schmutzig wird die Erde, wenn ich den Himmel betrachte!" Wie! dein Auge, das sich im Raum verliert, beschmutzt die Erde, deine Nährmutter? Was ist die Erde denn anderes als ein Stern des Himmels. Ist sie schmutzig, weil sie dich trägt? Nun man bringe dich auf die Sonne, und alsbald wird dein Ekel auch sie beschmutzen! Wäre der Himmel reiner, wenn er leer wäre? Und ist es nicht ein Wunder zu sehen, wie er des Tags die Erde erleuchtet und des Nachts von einer unzählbaren Menge von Erden und Sonnen erglänzt? Wie, die prachtvolle Erde mit den unendlichen Ozeanen, die Erde voll Blumen und Bäumen wird Kot für dich, weil du dich in die Leere stürzen willst; glaube mir, suche deshalb nicht den Platz zu tauschen; die Leere ist in deinem Geist, in deinem Herzen.

Die Liebe zu den Träumen ist es, die soviel Kummer in die Träume der Liebe gießt. Die Liebe, wie die Natur sie uns gibt, ist eine köstliche Wirklichkeit, aber unser krankhafter Stolz möchte etwas noch besseres als die Natur. Daher kommt der hysterische Wahn der Unverstandenen. Der Gedanke Lotte im Kopfe von Werther formt sich schicksalhaft, wie er mußte und wird zur brutalen Form der Pistolenkugel. Selbstmord ist die Lösung des Liebeswahnsinns.

Die wahre Liebe, die natürliche Liebe ist das Wunder des Magnetismus. Es ist das sich Durchschlingen der beiden Schlangen des Merkurstabes. Es scheint Schicksal zu sein, aber es ist die Folge der erhabensten Vernunft, welche sie den Gesetzen der Natur folgen läßt. Die Fabel erzählt, daß Teiresias, als er die sich paarenden Schlangen getrennt hatte, sich den Zorn der Venus zuzog und androgyn wurde: das vernichtete bei ihm die sexuelle Potenz; dann schlug ihn die erzürnte Göttin noch einmal und machte ihn blind, weil er der Frau zuschrieb, was grundsätzlich dem Manne zukommt. Teiresias war ein Wahrsager, der durch das Licht des Todes weissagte, daher zeigten seine Weissagungen stets Unglück an und schienen solches zu beschließen. Diese Allegorie enthält und faßt die ganze Philosophie des Magnetismus, die wir soeben entdeckt haben.

II. Kapitel.

Das Böse.

Das Böse — wo es wirklich wird — ist die Bejahung der Unordnung; oder beim Bestehen der ewigen Ordnung ist die Unterordnung im wesentlichen vergänglich. In Gegenwart der absoluten Ordnung, die der Wille Gottes ist, ist die Unordnung nur relativ. Die absolute Bejahung der Unordnung ist das Böse, ist also im wesentlichen die Lüge.

Die absolute Bejahung des Bösen ist die Verneinung Gottes, da Gott der erhabene und absolute Grund des Guten ist.

In der philosophischen Ordnung ist das Böse die Verneinung der Vernunft.

In der sozialen Ordnung ist es die Verneinung der Pflicht.

In der physischen Ordnung ist es der Widerstand gegen die unverletzlichen Gesetze der Natur.

Das Leid ist nichts Böses, es ist seine Folge und fast immer das Heilmittel vom Bösen.

Nichts von Natur Unvermeidliches kann etwas Böses sein. Der Winter, die Nacht und der Tod sind keine Uebel. Es sind die natürlichen Uebergänge von einem Tag zum andern, vom Herbst zum Frühling, von einem Leben zum andern.

Proudhon hat gesagt: „Gott ist das Böse". Gerade so gut hätte er sagen können: „Gott ist der Teufel", denn der Teufel gilt gewöhnlich als das Genie des Bösen.

Wenn wir den Satz umdrehen, so erhalten wir folgende paradoxe Formel: „Der Teufel ist Gott", oder mit anderen Worten: „Das Böse ist Gott". Wenn er so sprach, wollte dieser König des logischen Denkens, den wir hier anführen, sicher nicht mit dem Namen Gottes die hypothetische Personifikation des Guten bezeichnen. Er dachte an den abgeschmackten Gott, der die Menschen drückte, so müssen wir sagen, daß er Recht hatte, denn der Teufel ist eine Karikatur Gottes, und was wir das Böse nennen, ist das falsch verstandene und falsch definierte Gute.

Man kann das Böse nicht um des Bösen willen, und die Unordnung um der Unordnung willen lieben. Die Uebertretung der Gesetze gefällt nur, weil sie uns über die Gesetze zu erheben scheint. „Die Menschen sind nicht um des Gesetzes willen da, sondern das Gesetz um der Menschen willen", sagte Jesus; ein kühnes Wort, das die Priester jener Zeit als umstürzend und gottlos empfinden mußten, ein Wort, dessen menschlicher Stolz ungeheuerlich verderben kann. Man sagt uns, daß Gott nur Rechte hat und keine Pflichten, weil er der Stärkste ist. Dies Wort aber ist gottlos. Wir verdanken Gott alles, wagt man hinzuzufügen, und Gott verdankt uns nichts. Das Gegenteil ist richtig, Gott ist unendlich viel größer als wir, er läd unendliche Schuld auf sich, da er uns in die Welt setzt. Er hat den Abgrund der Menschenschwäche aufgerissen, an ihm ist es ihn wieder zu schließen.

Die wahnwitzige Niedertracht in der Tyrannei im Altertum hat uns das Phantom eines abgeschmackten und niederträchtigen Gottes überliefert, dieser Gott tut ein ewiges Wunder, um das endliche Wesen in seinem Leiden zur Unendlichkeit zu zwingen.

Nehmen wir einmal an, einer von uns habe eine Eintagsfliege erschaffen können; und er sagt zu ihr, ohne daß sie es verstehen könnte: „Mein Geschöpf, bete mich an!" Das arme Tierchen ist herum geflattert, hat an nichts gedacht und ist am Ende seines Tages gestorben. Daraufhin sagt ein Schwarzkünstler zu dem Menschen, wenn er einen Tropfen seines Blutes auf die Eintagsfliege fallen lasse, so könne er sie damit wieder beleben.

Der Mann sticht sich — ich täte das Gleiche an seiner Stelle — und siehe, die Eintagsfliege ist wieder erweckt. Was wird der Mensch tun? — Was er tun wird, schreit ein fanatischer Gläubiger. Da die Eintagsfliege in ihrem ersten Leben, nicht den Geist oder die Dummheit gehabt hat ihn anzubeten, wird er eine fürchterliche Glut schüren und die Eintagsfliege hineinwerfen und dabei nur bedauern, daß er ihr Leben inmitten der Flammen nicht auf wunderbare Weise erhalten kann, damit sie ewig brenne! — Nun, werden alle sagen, es gibt keinen närrischen Teufel, der so niederträchtig, so schlecht ist! — Ich bitte um Verzeihung, ihr Alltags-Christen, der in Frage stehende Mensch kann nicht existieren, das gebe ich zu, aber es gibt in eurer Einbildung einen noch grausameren und niederträchtigeren, das ist euer Gott, so wie ihr ihn erklärt, und er ist es von dem Proudhon tausendmal recht hatte, wenn er sagt: „Gott ist das Böse".

In diesem Sinne wäre das Böse, die lügnerische Bejahung eines schlechten Gottes und dieser Gott wäre der Teufel oder sein Gevatter. Eine Religion, die als Balsam für die Wunden der Menschen eine solche Lehre brächte, vergiftete sie, anstatt sie zu heilen. Grenzenlose Verdummung des Geistes und Verderbtheit des Gewissens ginge daraus hervor. Und die Propaganda, die im Namen eines solchen Gottes gemacht würde, könnte der Magnetismus des Bösen heißen. Das Resultat der Lüge ist die Ungerechtigkeit. Aus der Ungerechtigkeit kommt die Unbilligkeit, welche in den Staaten die Anarchie schafft und in dem Individuum Liederlichkeit und Tod.

Eine Lüge kann nicht bestehen, wenn sie nicht in dem toten Licht eine Art spectraler Wahrheit erzeugt. Und alle Lügner des Lebens täuschen sich selbst zuerst, indem sie die Nacht für den Tag halten. Der Anarchist glaubt, er sei frei, der

Dieb, er sei geschickt, der Freigeist, er mache sich lustig, der Despot hält das Unterdrücken für Regieren. Was ist nötig um das Böse auf Erden zu vernichten? Allem Anscheine nach eine sehr einfache Sache: „Die Dummen und Schlechten dazu bringen, ihren Irrtum einzusehen". Aber hier zerbricht aller gute Wille und scheitert jede Macht. Die Dummen und Schlechten wollen ihren Irrtum nicht einsehen. Wir gelangen zu jener geheimen Perversität, welche die Wurzel alles Uebels zu sein scheint, der Geschmack am Frevel und der Hang zum Irrtum. Wir behaupten unsererseits, daß diese Perversität wenigstens nicht gewollt und frei beabsichtigt ist. Sie ist nichts als die Vergiftung des Willens durch die totbringende Kraft des Irrtums.

Die Luft, die sich atmen läßt, besteht bekanntlich aus Wasserstoff, Sauerstoff und Stickstoff, Der Wasserstoff und Sauerstoff entsprechen dem Licht des Lebens, der Stickstoff dem Licht des Todes. Ein Mensch, der im Stickstoff untertaucht, kann weder atmen noch leben, ebenso kann ein Mensch, von spectralem Licht erstickt, keinen freien Willensakt mehr vollbringen. Die große Erscheinung des Lichtes vollendet sich nicht in der Atmosphäre; nur im organischen Auge wird es gesehen. Eines Tages sagte, wenn ich nicht irre, M. Littré, ein Philosoph der positivistischen Schule, daß die Unermeßlichkeit nur eine unendliche Macht sei, die hier und da von Sternen erhellt ist. — Das stimmt, anwortete ihm jemand, für unsere Augen, die zur Aufnahme eines anderen Lichtes als das der Sonne nicht eingerichtet sind. Aber erscheint die Idee dieses Lichtes uns nicht schon im Traume, während auf der Erde Nacht ist und unsere Augen geschlossen sind? Welches ist der Tag der Seelen? Wie sieht man durch den Gedanken? Würde die Nacht unserer Augen auch für anders geartete Augen bestehen? Und wenn unsere Augen nicht beständen, würden wir die Nacht wahrnehmen? Für die Blinden gibt es weder Sterne noch eine Sonne; und wenn wir eine Binde um unsere Augen legen, werden wir freiwillig blind. Die Perversität der Sinne wie die der Seelenfähigkeiten ist die Folge eines Zufalls oder eines Vergehens gegen die Gesetze der Natur; da wird sie notwendig und verhängnisvoll! Was sollen wir für die Blinden tun? — Sie an der Hand fassen und führen. — Aber wenn sie sich nicht führen lassen? Muß man Geländer errichten! — Aber wenn sie diese umwerfen? — Dann sind sie nicht nur Blinde, sondern gefährlich Wahnsinnige, und man muß sie umkommen lassen, wenn man sie nicht einschließen kann.

Edgar Allan Poe erzählt die hübsche Geschichte eines Irrenhauses, in dem es den Kranken gelungen war sich der Wärter zu bemächtigen; sie hatten sie in ihre eigenen Zellen eingeschlossen, nachdem sie ihnen die Masken wilder Tiere gegeben hatten. Da triumphierten sie in den Gemächern ihres Arztes, sie tranken den Wein des Hauses und beglückwünschten sich gegenseitig gelungene Kuren gemacht zu haben. Während sie bei Tisch sind, zerreißen die Gefangenen ihre Ketten und überraschen sie mit heftigen Stockhieben. Sie rasten gegen die armen Irrsinnigen und gaben ihnen recht in gewisser Art durch sinnlos schlechte Behandlung.

Das ist die Geschichte der modernen Revolutionen, die Toren triumphieren durch ihre große Zahl, die man Majorität nennt. Sie bringen die Weisen ins Gefängnis und machen sie zu wilden Tieren. Bald werden die Gefängnisse morsch und bersten, und die Weisen von gestern, toll geworden durch das Leiden, entfliehen heulend und Entsetzen verbreitend. Man wollte ihnen einen falschen Gott aufdrängen, sie schreien, daß es überhaupt keinen Gott gibt. Dann vereinigen sich die Gleichgültigen, stark geworden durch die Angst, sie unterdrücken die rasenden Irren und setzen feierlich die Herrschaft der Blöden ein. Das haben wir schon gesehen.

Bis zu welchem Grade sind die Menschen verantwortlich für diese Schwingungen und Krämpfe, die soviele Verbrechen verursachen? Welcher Denker wagt es zu sagen? Man verketzert Marat und man spricht Pius V. heilig.

Es ist wahr, daß der furchtbare Ghistieri seine Gegner nicht durch die Guillotine tötete, er verbrannte sie. Pius V. war ein strenger, karger Mann und überzeugter Katholik. Marat trieb die Uneigennützigkeit bis zum Elend. Beide waren ehrliche Menschen, aber sie waren mörderische Menschen, ohne gerade Ungeheuer zu sein.

Wenn nun aber eine verbrecherische Torheit der Mitschuld eines Volkes begegnet, dann wird sie beinah ein furchtbares Recht, und wenn die Menge, nicht belehrt sondern von der gegenteiligen Art getäuscht, ihren Helden verläßt und verleugnet, dann wird der Besiegte zugleich der Sündenbock und der Märtyrer. Der Tod Robespierres ist ebenso schön wie der Ludwigs XVI.

Aufrichtig bewundere ich jenen fürchterlichen Inquisitor, der, als er von den Albigensern niedergemetzelt worden war, mit seinem Blut auf die Erde schrieb: „Credo in unum Deum!"

Ist der Krieg ein Uebel? Ja, ohne Zweifel, denn er ist furchtbar. Aber ist er ein absolut Böses? Der Krieg ist die zeugende Arbeit der Nationen und Zivilisationen. Wer ist für den Krieg verantwortlich? Die Menschen? — Nein, denn sie sind seine Opfer. Wer denn? — Wagt man zu sagen: Gott? Fragt den Grafen Joseph de Maistre. Er wird euch sagen, warum die Priester das Schwert immer gesegnet haben, und daß etwas Heiliges in dem blutigen Amt eines

Henkers liegt. Das Böse ist der Schatten, es ist die Kehrseite des Guten. Wir wollen bis ans Ende gehen und wagen zu sagen, daß es das negativ Gute ist. Das Böse ist der Widerstand, der das Streben zum Guten stärkt; und deshalb hat Jesus-Christus sich nicht gescheut zu sagen: „Es muß Aergernisse geben".

Es gibt in der Natur Mißgeburten, wie es in einem schönen Buche Druckfehler gibt. Was beweist das? Daß die Natur wie die Presse blinde Werkzeuge sind, die die Klugheit leitet. Aber, werdet ihr mir sagen, der Setzer verbessert seine Korrekturbogen. Ja, gewiß, und in der Natur dient der Fortschritt dazu. Wenn ihr mir den Vergleich gestattet, so ist Gott der Direktor der Druckerei und der Mensch der Setzer Gottes.

Die Priester haben immer gesagt, daß die Plagen verursacht werden durch die Sünden der Menschen, und das ist wahr, denn das Wissen ist dem Menschen gegeben worden um die Plagen vorauszusehen und ihnen zuvorzukommen. Wenn, wie man behauptet, die Cholera aus der Verwesung der an der Mündung des Ganges aufgehäuften Leichen entsteht, wenn die Hungersnot durch den Wucher kommt, die Pest durch die Unsauberkeit verursacht wird, wenn der Krieg so oft durch den stupiden Stolz des Königs und das Ungestüm des Volkes veranlaßt wird, ist dann nicht wahrhaftig die Schlechtigkeit oder vielmehr die Dummheit der Menschen Ursache der Plagen? Man sagt, daß Ideen in der Luft liegen, und wahrhaftig die Laster tun es auch. Jede Verderbnis verursacht Verwesung und jede Verwesung hat ihren besonderen Gestank. Die Luft die die Kranken umgibt, ist krankhaft und die moralische Pest hat auch ihre besonders ansteckende Atmosphäre. Ein ehrliches Herz fühlt sich wohl unter Menschen, die guten Willens sind. Es wird gedrückt, leidet und erstickt unter lasterhaften Wesen.

III. Kapitel.

Die Gemeinsamkeit des Bösen.

Der große Rabbi Isaak Loriah sagt in seinem Buch über die dauernde Bewegung der Seelen, man müsse die Stunde vor dem Einschlafen mit großer Wachsamkeit ausnützen. Während des Schlafes verliert die Seele tatsächlich eine Zeitlang ihr individuelles Leben um im universalen Lichte unterzutauchen; dieses Licht tritt in zwei entgegengesetzten Strömungen in Erscheinung. Das Wesen, das einschläft, überläßt sich der Umschlingung der Schlange des Aesculap, dem Symbol des Lebens und der Neugestaltung, oder läßt sich durch die giftigen Fesseln der häßlichen Python binden. Der Schlaf ist ein Bad im Licht des Lebens oder im Phosphor des Todes. Wer mit Gedanken der Gerechtigkeit einschläft, badet im Verdienst der Gerechten, wer sich aber dem Schlummer mit Gedanken des Hasses und der Lüge überläßt, badet im Todesmeer, wo die Verpestung der Bösen wogt.

Die Nacht ist wie der Winter, der die Keime heimlich hütet und vorbereitet. Wer Unkraut sät, kann keinen Weizen ernten. Wer in der Gottlosigkeit einschläft, kann nicht unter der göttlichen Segnung erwachen. Man sagt: Guter Rat kommt über Nacht! Dem Gerechten bringt die Nacht weisen Rat, dem Bösen unselige Triebe! Das sind die Lehren des Rabbi Isaak Loriah.

Wir wissen nicht, bis zu welchem Grade man diesen wechselseitigen Einfluß der in Schlummer versenkten Wesen zugeben kann. Er wird von unfreiwilligen Kräften so gelenkt, daß die Guten die Guten besser machen, die Schlechten jene verderben, die ihnen ähnlich sind. Es wäre viel tröstlicher zu denken, daß die Milde der Gerechten über die Schlechten erstrahlt, um ihnen Ruhe zu geben, und daß die Unrast der Schlechten nichts vermag über die Seele des Gerechten. Sicher ist, daß die schlechten Gedanken den Schlaf beunruhigen, und daß ein gutes Gewissen in wunderbarer Weise das Blut erfrischt und im Schlafe ausruht.

Es ist jedenfalls wahrscheinlich, daß die magnetische Strahlung, tagsüber von Gewohnheiten und Willen bestimmt, nachts nicht aufhört. Ein Beweis dafür sind die Träume, in denen es uns oft scheint, als handelten wir unsern geheimsten Wünschen entsprechend. Der heilige Augustin sagt: „Nur der hat sich wirklich die Tugend der Keuschheit erworben, der selbst in seinen Träumen bescheiden ist".

Alle Sterne sind magnetisch und alle himmlischen Magneten wirken gegenseitig im Planetensystem, in den Gruppen des Weltgebäudes und der ganzen Unendlichkeit. Ebenso ist es bei den Lebewesen auf der Erde.

Die Natur und die Kraft der Magneten wird durch den wechselseitigen Einfluß der Gestaltung bestimmt. Das muß ernstlich geprüft und durchdacht werden.

Die Schönheit, die Harmonie der Formen wird immer begleitet von einer großen Anziehungskraft. Es gibt aber Schönheiten, über die sich streiten läßt, und die bestritten werden.

Es gibt konventionelle Schönheiten, die sich an einen gewissen Geschmack und gewisse Leidenschaften anpassen. Am Hofe Ludwig XV. hätte man die Hüften der Venus von Milo unförmig und ihre Füße zu groß gefunden. Im Orient sind die Favoriten des Sultans fett, und im Königreich Siam kauft man die Frauen nach Gewicht.

Die Menschen sind nicht weniger geneigt um der wahren oder imaginären Schönheit willen, die sie berauscht, Torheiten zu begehen. Es gibt

Gestalten, die uns berauschen und unsere Vernunft mit verhängnisvoller Gewalt beherrschen. Wenn unser Geschmack verdorben ist, dann lassen wir uns ganz einnehmen von imaginären Schönheiten, die tatsächlich Verzerrungen sind. Die Römer der Dekadenz liebten niedrige Stirnen und die Froschaugen der Messaline. Ein jeder baut sich hier unten sein Paradies nach seiner Art. Hier jedoch fängt die Gerechtigkeit an. Das Paradies der Verdorbenen ist immer und notwendigerweise die Hölle.

Die Richtung des Willens gibt den Werken ihren Wert. Denn der Wille bestimmt das Ende, das man sich vorgenommen hat, und das erstrebte und erreichte Ziel entscheidet immer das Wesen der Arbeit. Nach unseren Taten wird Gott uns richten um mit dem Evangelisten zu sprechen, nicht nach unseren Werken. Taten bereiten vor, beginnen, verfolgen und vollenden Werke. Sie sind gut, wenn die Taten gut sind. Im entgegengesetzten Fall sind sie schlecht. Wir wollen nicht sagen, daß der Zweck das Mittel heiligt, sondern daß ein anständiges Ende notwendig anständige Mittel braucht, und dem seiner Natur nach gleichgültigsten Werk Wert verleiht.

Was man billigt, tut man, oder man läßt es tun, indem man dazu ansporn. Ist unser Prinzip falsch, unser Ziel unbillig, so handeln alle, die denken wie wir, so, wie wir an deren Stelle handeln würden; und wenn es gelingt, so denken wir, daß sie gut daran getan haben. Wenn wir mit dem Scheine der Taten eines anständigen Mannes das Ziel eines Bösewichts erreichen wollen, so werden unsere Taten schlecht werden. Die Gebete eines Heuchlers sind gottloser als die Gotteslästerungen eines Ungläubigen. Kurz gesagt: Alles was man für die Ungerechtigkeit tut, ist unrecht, alles für die Gerechtigkeit getan, ist recht und gut.

Wir haben gesagt, daß die menschlichen Wesen Magnete sind, welche gegenseitig aufeinander wirken. Diese anfänglich natürlich magnetische Kraft, dann in ihren Formen durch die Gewohnheit und den Willen bestimmt, schließt die menschlichen Wesen in Reihen und Glieder zusammen, vielleicht etwas anders als Fournier es vermutete. Es ist also richtig mit ihm zu sagen, daß die Anziehungskräfte den Geschicken proportional sind, aber nicht richtig keinen Unterschied zu machen zwischen Kräften des Schicksals und künstlichen Anziehungskräften. Ebenso glaubte er, daß die Schlechten die von der Gesellschaft nicht Verstandenen seien, während im Gegenteil sie nicht verstehen wollen. Was hätte er in seiner Gliederung der Menschen getan, deren Anziehungskräfte im Verhältnis zu ihren Geschicken (ihm folgend) gerade diese Gliederung verwirrt und zerstört hätten?

In unserem Buche: „Die Wissenschaft von den Geistern" haben wir den kabbalistischen Ueberlieferungen folgend eine Einteilung der guten und schlechten Geister gegeben. Einige oberflächliche Leser werden vielleicht sagen: Warum lieber diese Namen als andere? Welcher Geist hat vom Himmel herab oder welche Seele aus dem Abgrund empor die hierarchischen Geheimnisse der anderen Welt enthüllen können? Das ist alles nur üppige Phantasie. Wenn die Leser so sprechen, dann täuschen sie sich. Diese Einteilung ist nicht willkürlich, und wenn wir das Dasein dieser oder jener Geister in der anderen Welt vermuten, so tun wir das, weil sie ganz sicher in dieser existieren. Anarchie, Vorurteil, Geheimniskrämerei, List, Unbilligkeit, Haß sind die Gegenpole von Weisheit, Autorität, Klugheit, Anstand, Güte, Gerechtigkeit. Die hebräischen Namen Kether, Chochmah, Binah, Thamiel, Chaigidel, Satariel etc., die Gegenpole zu Hajoth

Hakkadosch, Ophanim, Aralim etc. bedeuten nichts anderes.

Ebenso ist es bei den großen Worten und dunklen Ausdrücken der alten und modernen Dogmen; bei der letzten Analyse findet man immer wieder die Grundzüge der ewigen und unbestechlichen Vernunft. Es ist offenbar und gewiß, daß die Massen noch nicht reif sind für die Herrschaft der Vernunft, und daß die Tollsten und Abgefeimtesten sie der Reihe nach durch verblendete Glaubenslehren irreführen. Und Torheit gegen Torheit: Ich finde mehr wahren Sozialismus in der Torheit Loyolas als in der von Proudhon.

Proudhon behauptet, der Atheismus sei der schlechteste Glaube von allen, das ist wahr, und darum macht er ihn sich zu eigen. Er behauptet Gott sei das Böse, soziale Ordnung sei Anarchie, Eigentum sei Diebstahl. Was für eine Gesellschaft ist auf solcher Grundlage möglich? Die Gesellschaft Jesu gründet sich auf die entgegengesetzten Prinzipien oder vielleicht auf gegenteilige Irrtümer. Sie besteht seit mehreren Jahrhunderten und ist stark genug, den Anhängern der Anarchie noch lange die Stirne zu bieten.

Es ist wahr, sie gleicht nicht aus, aber sie versteht schwerere Gewichte in die Wagschalen zu legen als unser Freund Proudhon.

Die Menschen halten im Bösen mehr zueinander als sie vermuten. Ein Proudhon macht einen Veuillot. Ein Blutbad wie das des Johannes Huß haben die vor Gott zu verantworten, welche den Holzstoß von Konstanz angezündet haben. Die Protestanten werden für die blutige St. Bartholomäusnacht zur Verantwortung gezogen, weil sie Katholiken erwürgt hatten. Vielleicht hat wirklich Marat Robespierre getötet, wie Charlotte Corday ihre Freunde, die Girondisten, hat hinrichten lassen. Als Mme Dubarry wie ein brüllendes, widerspenstiges Tier auf die nationale Schlachtbank geschleppt wurde, ahnte sie gewiß nicht, daß sie die Marter Ludwig XVI. sühnte. Denn oft sind jene unsere größten Sünden, die wir nicht verstehen.

Als Marat sagte, daß es Menschenpflicht sei wenig Blut zu vergießen um ein größeres Blutbad zu verhüten, mag er wohl bei keinem andern als dem sanften, frommen Fénelon diese Maxime entliehen haben.

Letzthin hat man die ungedruckten Briefe der Mme Elisabeth veröffentlicht, und in einem dieser Briefe erklärt die engelhafte Prinzessin, alles sei verloren, wenn der König nicht den Mut habe drei Köpfe fallen zu lassen. Welche? Sie sagt es nicht, vielleicht die Philipps von Orléans, La Fayettes und Mirabeaus, eines Prinzen ihrer Familie, eines ehrenhaften und großen Mannes. Es tut wenig zur Sache, wen sonst noch. Die sanfte Prinzessin verlangte drei Köpfe. Später forderte Marat dreihunderttausend. Der Engel unterschied sich von dem Dämon nur durch ein paar Nullen.

IV. Kapitel.

Die doppelte Kette.

Die Bewegung der Schlangen um den Stab zeigt uns die Form einer Kette.

Diese Kette besteht aus zwei Formen: der einer Geraden und der eines Kreises. Ausgehend von einer gleichen Mitte beschreibt sie unzählige Kreise in unzähligen Runden. Die gerade Kette ist die des Durchgangs, die kreisende die der Teilung, der Ausbreitung, der Kommunion und der Religion. So entsteht jenes Rad, das aus mehreren sich ineinander drehenden Rädern besteht, welches wir in der Vision des Ezechiel aufleuchten sehen. Die Kette des Durchgangs stellt den Zusammenhang der sich folgenden Generationen dar.

Der Punkt der Mitte ist auf einer Seite weiß, auf der anderen schwarz.

An die schwarze Seite heftet sich die schwarze Schlange, an die weiße die weiße Schlange. Der Mittelpunkt ist die primitive Willkür, und an seiner schwarzen Seite beginnt die Erbsünde.

In der schwarzen Seite beginnt der verhängnisvolle Strom seinen Lauf, in der weißen Seite liegt die freie Bewegung. Den Mittelpunkt kann man allegorisch durch den Mond und die beiden Kräfte durch zwei Frauen, einer weißen und einer schwarzen darstellen.

Die schwarze Frau ist die gefallene Eva, die passive Gestalt, die höllische Hekate, welche den Halbmond und den Vollmond auf der Stirne trägt.

Die weiße Frau ist Maja oder Maria, welche zugleich den Halbmond und den Kopf der schwarzen Schlange zertritt.

Wir können uns nicht klarer ausdrücken, denn wir rühren an die Wiege aller Dogmen, sie werden wieder zu Kindern in unseren Augen und wir fürchten sie zu verletzen.

Wie man die Lehre von der Erbsünde auch auslegt, sie setzt die Präexistenz unserer Seelen voraus, wenn auch nicht in ihrem Einzelleben, so doch wenigstens in ihrem universalen Dasein.

Auch muß man, wenn man im Universalleben unbewußt sündigen kann, in gleicher Weise gerettet werden; das aber ist ein großes Geheimnis.

Die gerade Kette, die Speiche des Rades, die Kette des Durchgangs verbindet die Generation miteinander und straft die Väter in den Kindern, damit die Väter durch die Leiden der Kinder gerettet werden.

Deshalb ist Jesus, nach der dogmatischen Lehre, zur Hölle niedergestiegen und nach der Vernichtung der eisernen Gitter und ehernen Pforten gen Himmel gefahren und hat die in Fesseln geschlagene Knechtschaft mit sich genommen.

Das Leben im Universum rief: „Hosianna!" Denn er hatte dem Tode seinen Stachel entrissen.

Was will das alles sagen? Kann man wagen es zu erklären? Wird man es je ergründen oder verstehen können?

Die alten griechischen Oberpriester stellten die beiden in den zwei Schlangen verkörperten Kräfte in der Gestalt zweier Kinder dar, welche gegeneinander kämpfen, mit Füßen und Knieen eine Erdkugel haltend.

Diese beiden Kinder waren Eros und Anteros, Cupido und Hermes, die törichte und die weise Liebe. Ihr ewiger Kampf hält die Erde im Gleichgewicht.

Wenn man nicht zugibt, daß wir vor unserer Geburt auf Erden ein persönliches Dasein gehabt haben, dann muß man unter der Erbsünde eine freiwillige Störung des menschlichen Magnetismus bei unseren Urvätern verstehen, die das Gleichgewicht der Kette zerstörte und der schwarzen Schlange ein unseliges Uebergewicht gab, dem astralen Strom des toten Lebens. Und wir leiden unter den Folgen wie die Kinder, die wegen der Laster ihrer Eltern rachitisch geboren die Schmerzen für Fehler tragen, die sie nicht persönlich begangen haben.

Die außerordentlichen Leiden Jesu und der Märtyrer, die furchtbaren Bußen der Heiligen hätten das Gegengewicht gegen dies fehlende Gleichgewicht zum Ziel gehabt; doch ist dies so wenig auszugleichen, daß schließlich der Weltbrand daraus hervorgeht. Dann wäre die weiße Schlange die Gnade in der Gestalt der Taube, des Lammes, der astrale Strom des Lebens mit den Verdiensten des Erlösers oder der Heiligen.

Der Teufel oder der Versucher wäre der astrale Todesstrom, die schwarze Schlange, fleckig von allen Verbrechen der Menschen, schuppig von ihren schlechten Gedanken, giftig von ihren bösen Begierden: der Magnetismus des Bösen.

Der Kampf zwischen Gut und Böse ist ewig. Sie sind für immer unvereinbar. Das Böse wird also niemals verdammt, es wird niemals zu den Qualen verurteilt, die den Frevel begleiten, und von unserer Kindheit an hört es nicht auf uns zu quälen und uns zu sich zu ziehen. Alles was die dogmatische Poesie von König Satan behauptet, wird durch diesen schrecklichen Magnetismus vollkommen erklärt, der um so fürchterlicher als er verhängnisvoll ist, aber für die Tugend um so weniger zu fürchten, da er sie nicht erreichen kann und sie mit Hilfe der Gnade sicher ist, ihm zu widerstehen.

V. Kapitel.

Die äußerste Finsternis.

Wir haben gesagt, daß die Erscheinung des physischen Lichtes sich einzig im sehenden Auge vollzieht und vollendet. Das heißt die Sichtbarkeit würde für uns nicht bestehen ohne die Fähigkeit unseres Auges.

Es ist dasselbe mit dem intellektuellen Licht, es existiert nur für die Intelligenz, die fähig ist, es zu sehen. Es ist das innere Licht, ohne das es nur äußerste Finsternis gibt, wo, wie Jesus sagt, Heulen und Zähneknirschen ist und sein wird.

Die Feinde des Wahren gleichen halsstarrigen Kindern, welche alle Kerzen umwerfen und auslöschen, um im Dunkeln besser schreien und weinen zu können.

Das Wahre ist so eng mit dem Guten verknüpft, daß jede schlechte Handlung, die frei gewollt und vollbracht wird, ohne daß das Gewissen Einspruch erhebt, das Licht unsrer Seele auslöscht und uns in die äußerste Finsternis stürzt.

Darin besteht das Wesen der Todsünde. Der Sünder hat in der antiken Sage die Gestalt des Oedipus, der, nachdem er seinen Vater erschlagen und seine Mutter geschändet hat, sich schließlich die Augen ausbrennt.

Wissen und Glauben sind Vater und Mutter der menschlichen Intelligenz.

Im Garten Eden gab es zwei Bäume; den der Erkenntnis nud den des Lebens.

Die Erkenntnis soll und kann den Glauben fruchtbar machen. Ohne sie erschöpft er sich in ungeheuerlichen Mißgeburten und bringt nur Phantome hervor.

Der Glaube soll der Sohn der Erkenntnis und das Ziel seines Strebens sein; ohne Erkenntnis zweifelt er bald an sich selbst und verfällt einer tiefen Mutlosigkeit, die sich alsbald in Verzweiflung verwandelt.

So verachten einerseits die Gläubigen die Wissenschaft und verkennen die Natur, anderseits schmähen die Gelehrten den Glauben, weisen ihn zurück und wollen ihn ableugnen. Sie sind in gleicher Weise Feinde des Lichtes und stürzen sich gegenseitig um die Wette in die äußerste Finsternis, wo Veuillot und Proudhon ihre klagende Stimme ertönen lassen und Zähne knirschend vergehen.

Der wahre Glaube kann nicht in Widerspruch stehen mit der wahren Wissenschaft. Daher muß jede Auslegung des Dogmas, deren Fehlerhaftigkeit von der Wissenschaft bewiesen wurde, von dem Glauben verworfen werden.

Wir leben nicht in der Zeit, die sagte: „Ich glaube, weil es sinnlos ist!", wir müssen heute sagen: „Ich glaube, weil es sinnlos wäre nicht zu glauben. Credo quia absurdum non credere."

Die Wissenschaft und der Glaube sind nicht zwei sich widersprechende Kriegsmaschinen, sondern zwei Pfeiler, dazu bestimmt den Giebel am Friedensstempel zu tragen. Das Gold des Allerheiligsten, das so oft vom priesterlichen Schmutz getrübt wird, muß gereinigt werden.

Christus hat gesagt: „Gottes Wort ist Geist, und irdisches Leben ist nichts." Er hat auch gesagt: „Richtet nicht, auf daß ihr nicht gerichtet werdet. Denn mit welcherlei Gericht ihr richtet, werdet ihr gerichtet werden: und mit welcherlei Maß ihr messet, wird euch gemessen werden." Was für ein glänzendes Lob auf die Weisheit des Zweifels! und was für eine Freiheitserklärung des Gewissens! Eines ist tatsächlich gewiß für jeden, der gerne ein richtiges Urteil hört. Wenn nämlich ein äußerst hartes Gesetz bestände, das für alle anwendbar wäre, und ohne dessen Beobachtung, es unmöglich wäre, gerettet zu werden, so müßte dieses Gesetz derart bekannt gemacht werden, daß niemand an seiner Bekanntgabe zweifeln könnte. Ist hierin ein Zweifel möglich, so ist das schon eine formelle Verneinung. Und weiß ein einziger Mensch nichts von der Existenz eines Gesetzes, so ist dieses Gesetz nicht göttlich.

Der Mensch kann nicht auf zweierlei Weise ein guter Mensch sein. Sollte die Religion weniger wichtig sein, als die Rechtschaffenheit? Nein, sicher nicht, und deshalb hat es niemals nur eine Religion in der Welt gegeben. Die Uneinigkeiten sind nur Schein. Gottlosigkeit ist der schreckliche Fanatismus der Unwissenden, die sich gegenseitig verdammen.

Die wahre Religion ist universal und deshalb hat die katholische Kirche allein den Namen, der die Wahrheit bezeichnet. Diese Religion besitzt und erhält übrigens die Orthodoxie des Dogmas, die Hierarchie der Macht, die Wirksamkeit des Kultes und die wahre Magie der Zeremonien. Sie ist also die typische und normale Religion, die Mutterreligion, der das Recht und die Ueberlieferung des Moses und die Orakel des Hermes zukommen. Wenn wir dies gegebenenfalls dem Papste zum Trotz aufrechterhalten, so werden wir nötigenfalls katholischer sein müssen als der Papst und protestantischer als Luther.

Die wahre Religion ist also das innere Licht, und die religiösen Formen werden vervielfältigt und erhellt durch den spectralen Phosphor der äußeren Finsternisse. Aber selbst bei den Seelen, die den Geist nicht verstehen, muß die Form geachtet werden. Die Wissenschaft kann und darf keine Gewaltmittel gegen die Unwissenheit gebrauchen.

Der Fanatismus weiß nicht, warum der Glaube recht hat, und die Vernunft erkennt klar, daß die Religion notwendig ist, und worin und warum der Aberglaube Unrecht hat.

Die ganze christliche und katholische Religion gründet sich auf das Dogma von der Gnade, das heißt von der unverdienten Gnade: „Ihr habt Erbarmen empfangen, darum seid barmherzig", sagt Paulus. Die Religion ist im wesentlichen eine wohltätige Einrichtung. Die Kirche ist ein Rettungshaus für die Enterbten der Philosophie. Man kann sie entbehren, aber man darf sie nicht angreifen. Die Armen, die sich von den öffentlichen Unterstützungen lossprechen, haben darum nicht das Recht, sie in üblen Ruf zu bringen. Der Mensch, der ohne Religion anständig lebt, beraubt sich einer großen Hilfe, aber er tut Gott damit kein Unrecht. Die freiwilligen Gaben werden nicht durch Züchtigungen ersetzt, wenn man sie verweigert und Gott ist kein Wucherer, der die Menschen Zins zahlen läßt, für das, was sie nicht geliehen haben. Die Menschen haben die Religion nötig, aber die Religion braucht die Menschen nicht. „Wer das Gesetz nicht anerkennt, wird außerhalb des Gesetzes gerichtet werden", sagt Paulus. Er spricht hier nicht von dem Naturgesetz, wohl aber vom religiösen Gesetz, oder, um es klarer zu sagen, von den priesterlichen Vorschriften.

Außerhalb dieser so feinen und lichten Wahrheiten gibt es nur die äußerste Finsternis, wo die weinen, welche die falsch verstandene Religion nicht zu trösten vermag, und wo die Sektierer, die Haß für Liebe hielten, gegeneinander die Zähne zeigen.

Die heilige Therese hatte eines Tages eine furchtbare Vision. Es schien ihr, daß sie in der Hölle und in lebendige Mauern eingeschlossen sei, die sich immer enger zusammenzogen, ohne sie jemals ersticken zu können. Diese Mauern waren greifbare Mauern und lassen uns an das drohende Wort Jesu denken: „die äußerste Finsternis". Stellen wir uns eine Seele vor, die durch den Haß gegen das Licht sich wie Oedipus geblendet hat. Sie hat sich überall den Verlokkungen des Lebens widersetzt, und überall stößt das Leben wie das Licht sie zurück. Sie wird hinaus geschleudert aus der Anziehungskraft der Welten und der Klarheit der Sonnen. Sie ist allein in der schwarzen Unendlichkeit, die nur für sie und die freiwillig Blinden, ewige Wirklichkeit ist. Sie ist im Schatten erstarrt und leidet ewig würgende Qualen der Nacht. Alles scheint ihr vernichtet, nur nicht der Schmerz der die Unendlichkeit erfüllt. O, Schmerz, welcher Wahn eines unsinnigen Glaubens! Man kann lieben und läßt das Herz verdorren! O, nur für eine Stunde, für eine Minute, eine armselige Minute die Freuden der Liebe genießen und seien sie die unvollkommensten und flüchtigsten Liebesmöglichkeiten! Ein wenig Luft! Ein Sonnenstrahl! Oder nur ein Mondenstrahl und ein Anger zum Tanzen! Ein Tropfen Leben, nur ein Tropfen, eine Träne! Und die unversöhnliche Ewigkeit antwortet: Was sprichst Du von Tränen und kannst nicht einmal mehr weinen. Die Tränen sind der Tau des Lebens, der Born der Liebeskraft. Du hast dich freiwillig in den Egoismus verbannt und du bist gefangen in den Mauern des Todes.

Ah, ihr wollt heiliger sein als Gott! Ihr habt eure teure Mutter, die züchtige und göttliche Natur angespieen! Ihr habt die Wissenschaft, die Intelligenz und den Fortschritt verflucht! Ihr habt geglaubt, um ewiges Leben zu erreichen, müsse man einer Leiche gleichen und wie eine Mumie vertrocknen! Ihr seid nun das, was ihr aus euch gemacht habt. Genießt in Frieden die Ewigkeit, die ihr gewollt habt! Aber nein, ihr armseligen Menschen: die ihr Sünder und Verfluchte genannt habt, werden euch nicht retten. Wir werden das Licht sich ausbreiten lassen, wir werden eure Mauern durchdringen, und wir werden euch aus eurer Trägheit herausreißen. Ein Meer von Liebesmächten oder wenn ihr wollt eine Legion von Engeln (sie gleichen ihnen) wird euch umschmeicheln und mit Blumengirlanden forttragen, und umsonst werdet ihr euch dagegen wehren wie der Mephisto des schönen philosophischen Schauspiels von Goethe. Trotz euch, eurer Geißeln und eurer bleichen Gesichter werdet ihr wieder leben, werdet lieben, wissen, sehen, und auf den Trümmern des letzten Klosters werdet ihr mit uns den höllischen Reigen des Faust tanzen.

Glücklich, wer zu Jesu Zeit weinte, glücklich, wer jetzt zu lachen versteht, denn Lachen ist eine Ureigenschaft des Menschen wie der große Prophet Rabelais, der Messias der Renaissance gesagt: Lachen ist Ablaß, Lachen ist Philosophie, der Himmel besänftigt sich, wenn er lacht, und das große Geheimnis der göttlichen Allmacht ist nichts als ein ewiges Lächeln!

VI. Kapitel.

Das große Geheimnis.

Weisheit, Moral, Tugend: achtbare, jedoch vage Worte, über welche man seit Jahrhunderten streitet, ohne daß es gelungen ist, sie zu ergründen.

Ich will weise sein, aber bin ich meiner Weisheit sicher, solange ich glauben kann, daß die Narren glücklicher, sogar fröhlicher sind, als ich?

Man muß Sitten haben, aber wir sind alle ein wenig wie die Kinder. Die Moral macht uns schläfrig. Das kommt daher, daß man dumme Sittenlehren aufstellt, die unserer Natur nicht entsprechen. Man spricht von dem, was uns nichts angeht, und wir denken an andere Dinge.

Die Tugend ist eine große Sache, ihr Name bedeutet Kraft, Macht.

Die Welt besteht durch die Tugend Gottes. Aber worin besteht für uns die Tugend? Ist das Tugend, wenn man fastet, um einen schwachen Kopf zu bekommen und ein abgezehrtes Gesicht? Können wir die Einfalt des gutmütigen Mannes Tugend nennen, der sich von Schelmen die Fetzen herunterreißen läßt? Ist es eine Tugend enthaltsam zu sein, aus Furcht zu verderben? Was dächten wir wohl von einem Menschen, der aus Furcht das Bein zu brechen nicht liefe? Die Tugend ist überall das Gegenteil der Bedeutungslosigkeit, der Starrheit und der Unfähigkeit.

Die Tugend setzt Handeln voraus. Denn wenn man die Tugend gewöhnlich den Leidenschaften gegenüberstellt, so gibt man dadurch zu verstehen, daß sie allein niemals passiv sind.

Die Tugend ist nicht die Kraft, sondern die leitende Vernunft der Kraft. Sie ist die ausgleichende Macht des Lebens.

Das große Geheimnis der Tugend, der Tüchtigkeit und des Lebens, sei sie zeitlich oder ewig, kann folgendermaßen gefaßt werden:

Die Kunst, die Kräfte gleichmäßig zu verteilen, um die Bewegung im Gleichgewicht zu halten.

Das Gleichgewicht, das man suchen muß, ist nicht das, welches Unbeweglichkeit hervorruft, sondern das, welches die Bewegung reguliert. Denn Unbeweglichkeit ist Tod, Bewegung ist Leben.

Dieses bewegliche Gleichgewicht ist das der Natur eigene. Indem die Natur die verhängnisvollen Kräfte ausgleicht, bringt sie das physich Böse oder sogar die für den schlecht ausgeglichenen Menschen scheinbare Zerstörung hervor.

Der Mensch befreit sich von den Uebeln der Natur durch geschickten Gebrauch seiner Freiheit und entzieht sich so dem Schicksal ihrer Kräfte. Wir gebrauchen hier das Wort Schicksal; denn die unvorhergesehenen, dem schlecht ausgeglichenen Menschen unverständlichen Kräfte erscheinen ihm notwendigerweise schicksalhaft.

Die Natur hat für die Erhaltung der mit Instinkt versehenen Tiere gesorgt, aber sie hat alles so eingerichtet, daß der unvorsichtige Mensch umkommt.

Die Tiere leben von selbst und ohne Anstrengung. Der Mensch allein muß lernen zu leben. Außerdem ist die Erkenntnis des Lebens die Erkenntnis des moralischen Gleichgewichts.

Die Vereinigung von Wissen und Religion, Vernunft und Gefühl, Energie und Milde ist die Grundlage dieses Gleichgewichts.

Die wahre unbesiegliche Stärke ist die Stärke ohne Heftigkeit. Die heftigen Menschen sind schwach und unvorsichtig; ihre Anstrengungen fallen immer auf sie selbst zurück.

Heftige Zuneigung ähnelt dem Haß und beinahe der Abneigung. Heftiger Zorn überliefert uns blindlings unseren Feinden. Ehe die Helden Homers sich angreifen, beschimpfen sie sich gegenseitig, um zu versuchen, sich gegenseitig in Wut zu versetzen denn sie wissen wohl, daß aller Wahrscheinlichkeit nach der Wütendste besiegt wird.

Dem hitzigen Achill war vorherbestimmt, unglücklich umzukommen. Er ist der stolzeste und tapferste der Griechen und ist für seine Mitbürger nur ein Unstern.

Der kluge und geduldige Odysseus läßt sie Troja einnehmen, er mäßigt sich immer und schlägt nur sichern Hieb. Achill verkörpert die Leidenschaft, Odysseus die Tugend; und diesen gegebenen Größen gemäß muß man den hohen philosophischen und moralischen Wert der homerischen Dichtung verstehen.

Der Schöpfer dieser Dichtungen war ohne Zweifel ein Eingeweihter erster Ordnung, und das große Geheimnis der hohen Magie ist vollständig in der Odyssee enthalten.

Das große Geheimnis der Magie, das einzige Geheimnis, will in gewisser Weise die göttliche Macht in den Dienst des menschlichen Willens stellen.

Um zur Verwirklichung dieses Geheimnisses zu gelangen muß man *wissen,* was man tun muß, *wollen,* was nötig ist, *wagen,* was man muß, und mit Entschiedenheit *schweigen.*

Homers Odysseus hat die Götter, die Elemente, die Cyklopen, die Sirenen, Circe und alles andere gegen sich, das heißt alle Schwierigkeiten und alle Gefahren des Lebens.

Sein Haus wird überfallen, seine Frau umworben, seine Güter geplündert, sein Tod ist beschlossen, er verliert seine Gefährten, seine Schiffe versinken; er bleibt allein und kämpft wider Nacht und Meer. Und allein beugt er die Götter, entgeht dem Meere, blendet den Cyklopen, täuscht die Sirenen, zähmt Circe, gewinnt sein Haus zurück, befreit seine Frau, tötet die, welche seinen Untergang wollten: weil er Ithaka und Penelope wiedersehen *wollte,* weil er immer *wußte,* wie er sich aus den Gefahren zu ziehen hatte, weil er zur rechten Zeit *wagte* und immer *schwieg,* wenn es nicht dienlich war zu sprechen.

Das ist ja gar keine Magie, werden die Liebhaber von Märchen enttäuscht sagen. Gibt es keine Talismane, Kräuter und Wurzeln, mit denen man Wunderdinge vollbringen kann? Gibt es keine geheimnisvollen Formeln, die verschlossene Türen öffnen und Geister beschwören? Erzähle uns davon und lege uns die Odysee ein andermal aus! Ihr wißt, Kinder — denn es sind ganz gewiß Kinder, denen ich zu antworten habe — wenn ihr meine früheren Arbeiten gelesen habt, daß ich die relative Wirksamkeit der Sprüche, der Kräuter und Talismane anerkenne. Aber das sind kleine Mittel, welche die Brücke zu kleinen Wundern bilden. Ich spreche eben von den großen, moralischen Kräften und nicht von den materiellen Instrumenten. Die Sprüche gehören zu den Riten der Einweihung, die Talismane sind magnetische Hilfsmittel, die Wurzeln und Kräuter sind Hilfsmittel der okkulten Medizin und selbst Homer verachtet sie nicht. Moly, Lotos und Nepenthes haben ihren Platz in diesen Gedichten, aber es ist nur sehr nebensächlicher Schmuck. Die Schale der Circe vermag nichts über Odysseus, der ihre verderbliche Wirkung wohl kennt, und der es versteht nicht aus ihr zu trinken. Wer in die hohe Weisheit der Magier eingeweiht ist, hat nichts von den Zauberern zu fürchten.

Wer seine Zuflucht zur zeremoniellen Magie nimmt und die Wahrsager um Rat fragt, tut dasselbe, wie solche, die eine Ergänzung der wahren Religion wollen und hoffen, indem sie ihre Andachtsübungen vermehren. Wenn ihr ihnen weise Ratschläge gebt, so werdet ihr sie niemals zufrieden heimschicken.

Alle verbergen auch ein Geheimnis, das leicht zu erraten ist. Es ist folgendes: Ich habe eine Leidenschaft, die von der Vernunft verdammt wird, und die ich der Vernunft vorziehe; deshalb komme ich zum Orakel der Unvernunft um Rat, damit es mir Hoffnung auf Hilfe gebe, mein Gewissen zu täuschen und meinem Herzen den Frieden wiederzugeben.

So kommen sie zum Trunk an einer trügerischen Quelle. Doch weit davon entfernt ihren Durst zu löschen, erregt sie ihn noch mehr. Der Charlatan bringt dunkle Orakelsprüche unter die Leute, man findet darin, was man will, und kommt wieder um Erklärungen zu heischen. So machen die Kartenlegerinnen ihr Vermögen.

Die kirchlichen Gnostiker sagten, Sophia, die natürliche Weisheit des Menschen, habe sich in sich selbst verliebt, wie der Narcissus der Sage, der sich von seinem Grundsatz abwandte und außerhalb des durch das göttliche Licht gezogenen Kreises trat, den man „Plerom" nannte. Als sie allein in der Finsternis war, erging sie sich in Flüchen. Und wie das blutende Weib des Evangeliums verlor sie ihr Blut, welches sich in entsetzliche Mißgeburten verwandelte. Die gefährlichste aller Torheiten ist die verderbte Weisheit.

Die verdorbenen Herzen vergiften die ganze Natur, Der Glanz der schönen Tage ist nur ein blendender Ueberdruß, und alle Lebensfreude, die für diese toten Seelen tot ist, richtet sich vor ihnen auf, um sie zu verwünschen, indem sie spricht, wie die Gespenster Richards III: „Verzweifle und stirb!" Schöner Enthusiasmus macht sie lächeln, und sie werfen nach Schönheit und Liebe mit der frechen Verachtung des Stonio und

Rollon: Man darf nicht tatlos das Schicksal beschuldigen; man muß dagegen ankämpfen und es besiegen. Wer in diesem Kampf unterliegt, konnte oder wollte nicht triumphieren. Nichtwissen ist eine Entschuldigung, aber keine Rechtfertigung, da man lernen kann. „Vater, vergib ihnen, denn sie wissen nicht, was sie tun", sagte der sterbende Christus. Wenn es erlaubt wäre, nicht zu wissen, dann hätte dem Gebet des Heilandes die Berechtigung ganz gefehlt, dann hätte Gott Vater nichts zu vergeben gehabt.

Man muß lernen wollen, wenn man nicht wissend ist. Solange man nicht weiß, ist es verwegen zu wagen, aber es ist immer gut zu schweigen.

VII. Kapitel.

Die schöpferische und verwandelnde Macht.

Das Wesen des Willens ist Verwirklichung. Wir können alles, was wir vernünftigerweise zu können glauben.

Im Bereich der Taten verfügt der Mensch über die Allmacht Gottes, er kann schöpfen und verwandeln.

Diese Macht soll er zuerst auf sich selbst anwenden; wenn er zur Welt kommt, sind seine Fähigkeiten ein Chaos, das Dunkel der Intelligenz bedeckt den Abgrund seines Herzens, und sein Geist schwankt in Unsicherheit, wie wenn er von den Wellen getragen würde.

Die Vernunft ist ihm also gegeben, aber diese Vernunft ist noch untätig. An ihm liegt es, sie tätig zu machen, seine Stirne inmitten der Wogen glänzen zu lassen und auszurufen: „Es werde Licht".

Er gibt sich eine Vernunft, ein Gewissen, ein Gesetz. Das göttliche Gesetz wird für ihn so sein, wie er es machen würde, und die ganze Natur wird für ihn das werden, was er möchte.

Die Ewigkeit wird einkehren und in seiner Erinnerung feststehen. Er wird zum Geist sagen, werde Stoff und zum Stoff, werde Geist; und Geist und Stoff werden ihm gehorchen.

Jede Substanz wird durch die Tat geändert, jede Tat wird durch den Geist gelenkt, jeder Geist richtet sich einem bestimmten Willen folgend und jeder Wille wird durch Vernunft bestimmt.

Die Wirklichkeit der Dinge liegt in der Vernunft. Diese Vernunft der Dinge ist der Ursprung dessen, was ist.

Alles ist nur Kraft und Stoff, sagen die Gottesleugner.

Wie wollte man behaupten, die Bücher seien nur Papier und Tinte?

Der Stoff ist nur ein Hilfsmittel des Geistes, ohne Geist hätte sein Dasein keinen Sinn und er bestände nicht.

Der Stoff verwandelt sich in Geist durch die Vermittlung unserer Sinne und diese, nur für unsere Seele wahrnehmbare Verwandlung nennt man Freude.

Die Freude ist das Gefühl einer göttlichen Tat. Sie ernähren heißt Leben schöpfen und verwandeln, auf wundersame Weise tote Stoffe in lebendige umsetzen.

Warum reißt die Natur die Geschlechter mit soviel Verzückung und Sinneslust zueinander? Sie fordert sie vorzugsweise zu dem großen Werk auf, zu dem Werk der ewigen Fruchtbarkeit.

Was spricht man von der Lust des Fleisches? Das Fleisch hat keine Lust und keine Trauer, es ist ein passives Werkzeug. Unsere Nerven sind die Saiten, durch welche die Natur uns die Musik der Wollust hören und fühlen läßt, und alle Freuden des Lebens, selbst die trübsten, sind das ausschließliche Eigentum der Seele.

Was ist die Schönheit, wenn sie nicht Ausdruck des Geistes in dem Stoffe ist? Braucht die Gestalt der Venus von Milo Fleisch zu sein, um unser Auge zu entzücken und unsere Sinne zu berauschen? Die Schönheit der Frau ist der Hymnus der Mütterlichkeit; die milde und zarte Form ihres Schoßes ruft uns ewig den ersten Durst unserer Lippen in die Erinnerung zurück. Wir möchten ihm in ewig währenden Küssen zurückgeben, was er uns in lieblichem Ueberfluß gewährte. Sind wir also in das Fleisch verliebt? Würden uns diese elastischen Polster und Poren von so brauner, so weißer, so rosiger Haut bedeckt, begeistern, wenn sie einer verehrungswürdigen Poesie entblößt würden? Und was würde aus unseren entzückendsten Empfindungen, wenn die Hand des Liebenden, ohne zu zittern, sich mit der Lupe des Naturforschers oder dem Messer des Anatomen bewaffnen wollte?

In einer scharfsinnigen Fabel erzählt Apulejus, daß ein ungeschickter Forscher die Dienerin einer Zauberin dazu verführt, ihm eine von ihrer Herrin hergestellte Salbe zu verschaffen. Er versucht, sich mit ihrer Hilfe in einen Vogel zu verwandeln, es gelingt ihm jedoch nur, sich die Gestalt eines Esels zu geben. Man sagt ihm, um seine frühere Gestalt wieder zu erhalten, brauche er nur Rosen fressen, er hält dies anfangs für sehr leicht. Bald aber wird er gewahr, daß die Rosen nicht für Esel gemacht sind. Sobald er sich einem Rosenstock nähert, treibt man ihn mit Stockhieben zurück, er leidet tausend Schmerzen und kann schließlich nur durch die direkte Vermittlung der Gottheit befreit werden.

Man hat Apulejus in Verdacht gehabt, Christ gewesen zu sein, und glaubte in dieser Legende vom Esel eine verhüllte Kritik des christlichen Mysteriums zu sehen. Begierig in den Himmel zu kommen, hätten die Christen die Wissenschaft verkannt und seien unter das Joch dieses blinden Glaubens geraten, sodaß man sie während der ersten Jahrhunderte beschuldigte, den Kopf eines Esels anzubeten.

Sie konnten sich nicht mehr der natürlichen, durch das Bild der Rosen dargestellten Schönheit nähern. Durch die rohen und blinden Führer, die den armen Esel von Bethlehem vor sich hertrieben, wurde die Freude, die Schönheit, sogar die Natur und das Leben dem Bannfluch geweiht. Dann träumte das Mittelalter den Roman der Rose. Damals vereinigten die in die Wissenschaft des Altertums Eingeweihten die beiden Vorstellungen; denn sie waren ganz davon erfüllt, die Rose wieder zu erlangen, ohne das Kreuz zu verleugnen. Und sie nahmen den Namen der Rosenkreuzer, damit die Rose das Kreuz werde und das Kreuz seinerseits die Rose unsterblich mache.

Die wahre Freude, die wahre Schönheit, die echte Liebe existiert nur für die Weisen, die recht eigentlich die Kreaturen ihrer eigenen Glückseligkeit sind. Sie sind enthaltsam, damit sie lernen gut zu genießen, und sie entbehren, um sich das Glück zu erkaufen.

Welches Elend ist beklagenswerter als das der Seele; und wie sehr sind die zu beklagen, die ihr Herz haben verarmen lassen! Vergleicht die Armut Homers mit dem Reichtum Trimalchios und sagt, wer von Beiden ist der Elende? Was liegt an den Gütern, die uns verderben, und die wir nie besitzen, weil man sie immer verlieren oder anderen überlassen muß? Wozu dienen sie, wenn sie in unseren Händen nicht Werkzeuge der Weisheit sind? Die Bedürfnisse des tierischen Lebens zu vergrößern, uns in Ueberdruß und Ekel verdummen zu lassen. Ist das der Zweck unserer Existenz? Liegt in ihnen das Positive des Lebens? Ist es nicht im Gegenteil das verkehrteste und verdorbenste Ideal? Seine Seele verbrauchen und seinen Körper mästen, wäre schon eine große Torheit, aber Körper und Seele zugleich zu töten, um eines Tages einem jungen Dummkopf ein großes Vermögen zu hinterlassen, damit er es nur mit vollen Händen in den banalen Schoß der ersten hergelaufenen Dirne wirft, ist doch der Gipfel des Wahnsinns! Und doch tun es ernste Menschen, wenn sie Philosophen und Dichter als Träumer ansehen.

Nicht den Besitz von Reichtümern finde ich erstrebenswert, sondern die Möglichkeit, denen, die solche besitzen, befehlen zu können, sagte Curius. Und der heilige Vinzenz von Paul hat, ohne an den Grundsatz zu denken, dessen ganze Größe zugunsten des Wohltuns enthüllt. Welcher Herrscher hätte jemals soviele Hospize gründen und Asyle stiften können? Welcher Rothschild hätte soviele Millionen dafür aufgebracht? Der arme Priester Vinzenz von Paul hat gewollt, gesprochen und die Reichtümer haben gehorcht.

Er besaß die schöpferische und umgestaltende Macht, einen durchdringenden und weisen Willen, der sich auf die heiligsten Gesetze der Natur stützte. Lernt zu wollen, was Gott will, und alles, was ihr wollt, wird sich vollenden.

Wißt auch, daß die Gegensätze durch die Gegensätze Wirklichkeit werden: Die Habgier ist immer arm, die Uneigennützigkeit immer reich.

Der Hochmut fordert die Verachtung heraus, Bescheidenheit erntet Lob. Die Ausgelassenheit tötet die Freude, die Mäßigkeit reinigt und erneuert die Genüsse. Immer werdet ihr das Gegenteil von dem erlangen, was ihr mit Unrecht heischt. Das Hundertfache von dem werdet ihr wiederfinden, das ihr der Gerechtigkeit gezollt. Wollt ihr zur Rechten ernten, dann säe eure Linke. Bedenkt diesen Rat, der paradox scheint und doch eines der größten okkulten Geheimnisse birgt.

Schafft Raum, wo ihr Erfüllung wollt. Dies ist ein physikalisches Gesetz, das dem moralischen analog ist. Der reißende Strom sucht unermeßliche Tiefen. Die Wasser sind Töchter der Wolken und der Berge und suchen immer die Täler. Wahre Genüsse entstammen der Höhe ersehnt vom Wunsch. Dieser aber ist Abgrund.

Das Nichts verschlingt alles; und deshalb sind die der Liebe barsten Wesen oft die geliebtesten. Die Fülle sucht die Leere; und die Leere saugt die Fülle ein. Tiere und Ammen wissen dies wohl. Pindar hat Sappho niemals geliebt, und Sappho mußte alle Verachtung Phaons dulden.

Ein Mann und eine geniale Frau sind Bruder und Schwester; ihre Vereinigung wäre Blutschande, und ein ganzer Mann wird nie eine bärtige Frau lieben.

Rousseau scheint dies geahnt zu haben, als er eine Dienerin, ein stupides und habgieriges Mannweib heiratete. Aber er konnte Therese niemals die geistige Ueberlegenheit verständlich machen und unterlag ihr in den Rauheiten der Existenz. Im Hause war Therese der Mann, Rousseau die Frau. Er war stolz, eine solche Stellung einzunehmen und protestierte gegen die Häuslichkeit, indem er ihre Kinder ins Findelhaus gab. So stellte er das Naturverhältnis wieder her und setzte sich allen Rachemöglichkeiten der Mutter aus.

Zeugt nie Kinder, geniale Menschen; eure wahrhaft legitimen Kinder sind eure Bücher. Heiratet nie; eure Gemahlin ist der Ruhm! Bewahrt eure Mannbarkeit für ihn, und wenn ihr selbst eine Heloise fändet, setzt euch nie um einer Frau willen dem Geschick Abälards aus.

VIII. Kapitel.

Die astralen Emanationen und magnetischen Projektionen.

Ein Universum ist eine Gruppe von magnetischen Welten, die sich gegenseitig anziehen und abstoßen. Die auf den einzelnen Welten erzeugten Wesen haben an ihrem durch die universale magnetische Kraft besonders ausgeglichenen Magnetismus teil.

Die schlecht ausgeglichenen sind unregelmäßige oder außerordentliche Magneten, die von der Natur gegenseitig ausbalanziert werden, bis der partielle Gleichgewichtsfehler die Zerstörung nach sich gezogen hat.

Die Spectralanalyse von Bunsen wird die Wissenschaft befähigen, die besonderen Eigenschaften der Magnetstoffe zu unterscheiden und so die wissenschaftliche Begründung der alten Intuition der griechischen Astrologie geben.

Die verschiedenen Planeten des Systems haben sicher eine magnetische Wirkung auf unsere Erdkugel und auf die verschiedenen Einrichtungen der Lebewesen, die sie bewohnen.

Wir trinken alle die Würze des Himmels, vermischt mit dem Geist der Erde und entstanden unter dem Einfluß verschiedener Sterne; wir haben alle das Vorrecht auf eine durch eine Gestalt charakterisierte Kraft, auf einen Genius und eine Farbe.

Die Priesterin von Delphi, die auf einem Dreifuß über einer Kluft der Erde saß, nahm das astrale Fluidum in ihrem Schoße auf, verfiel in Wahnsinn oder Somnambulismus, brachte unzusammenhängende Worte vor, die zuweilen Orakel waren. Alle nervösen und dem Durcheinander der Leidenschaften ausgelieferten Naturen gleichen der delphischen Priesterin und atmen Python ein, d. h. den schlechten und verhängnisvollen Geist der Erde, dann werfen sie den Schatten des Fluidums, das sie durchdrungen hat, und atmen dann mit gleicher Kraft das lebenerwekkende Fluidum der anderen Wesen ein, um es zu absorbieren, indem sie so abwechselnd die schlechte Kraft des Yettatore und des Vampirs ausüben.

Wenn die von dieser todbringenden Sucht des Atmens (ein- und ausatmen) befallenen Kranken sie für eine Macht halten, und zu deren Aufstieg und Ausbreitung beitragen wollen, so treten ihre Wünsche durch Ceremonien zutage, die Beschwörungen und Zaubergesten genannt werden, und sie werden das, was man früher Hexenmeister und Zauberer nannte.

Jeder Appell an eine unbekannte und fremde Intelligenz, deren Existenz uns nicht bewiesen wird, will die leitende Stelle unserer Vernunft und unseres freien Willens übernehmen; daher kann er als intellektueller Selbstmord betrachtet werden und als Appell an die Narrheit.

Alles, was seinen Willen mysteriöser Kräfte wegen aufgibt, alles, was in uns andere Stimmen wachruft als die des Gewissens und der Vernunft, gehört zur geistigen Entäußerung.

Die Tollen sehen ständig Geister; wenn man wach eine Vision hat, so ist das ein Anfall von Wahnsinn. Es ist die Kunst der Beschwörung sich in künstlichen Wahnsinn zu versetzen, dessen Anfälle man herausfordert.

Jede Vision hat das Wesen des Traumes. Sie ist die Erdichtung unserer Sinnlosigkeit. Sie ist ein Hauch unserer gestörten Einbildung, die ins astrale Licht vorgedrungen ist. Wir erscheinen uns selbst als Phantom, Leichnam oder Dämon verkleidet.

Die Wahnsinnigen scheinen im Kreis ihres

magnetischen Kraftfeldes die Natur schwärmen zu lassen. Die Möbel knacken und rücken von der Stelle, die leichten Körper werden von ferne angezogen oder abgestoßen. Die Urheber wissen es wohl, aber sie fürchten es zu sagen, weil die offizielle Wissenschaft noch nicht zugegeben hat, daß die menschlichen Wesen Magnete sind, und daß die Magnete gestört und aus der Richtung gebracht werden können. Der Abbé Vianney, Pfarrer von Ars glaubte, er werde unaufhörlich vom Dämon gefoppt und Berbignier von Terre-Neuve du Thym versah sich mit langen Nadeln, um die Kobolde aufzuspießen.

Der Stützpunkt besteht im Widerstand, den ihm der zuchtlose Fortschritt entgegensetzt. In der Demokratie ist eine Heeresbildung unmöglich, weil jeder Soldat General sein will. Bei den Jesuiten gibt es nur einen General.

Gehorsam ist eine Uebung der Freiheit; und damit man dazu kommt alles zu tun, was man will, muß man lernen oft das zu tun, was man nicht tun möchte. Es gefällt uns, der Phantasie zu dienen. Das tun, was wir wollen müssen, heißt sowohl Vernunft wie Willen üben und zum Siege führen.

Gegensätze werden durch Gegensätze bekräftigt und bestätigt. Sieht man nach links, wenn man rechts gehen will, so ist das Verstellung, Unklugheit; legt man aber Gewichte in die linke Wagschale, um die rechte steigen zu lassen, so kennt man die Gesetze der Dynamik und des Gleichgewichts.

In der Dynamik bestimmt der Widerstand die Kraftmenge; aber es gibt keinen Widerstand, der nicht durch die Beständigkeit der Anstrengung und der Bewegung überwunden wird; so zernagt die Maus das Kabeltau und höhlt der Tropfen den Stein.

Wird die Uebung täglich erneuert, so erhält

und vergrößert sie die Kraft, wenn die Arbeit auch an eine an sich gleichgültige oder sehr unvernünftige und lächerliche Sache verwandt wird. Es ist scheinbar eine sehr wenig ernste Beschäftigung, die Perlen einer Rosenkranzkette durch die Finger gleiten zu lassen und ein oder zweihundertmal zu wiederholen: „Gegrüßet seist Du, Maria!" Nun gut, geht aber eine Nonne abends zu Bett, ohne ihre Vaterunser gesprochen zu haben, so wird sie am andern Morgen enttäuscht aufwachen, wird nicht den Mut haben, ihr Morgengebet zu sprechen und während des Gottesdienstes zerstreut sein. Daher wiederholen die Vorsteher ihnen mit Recht unaufhörlich, die Kleinigkeiten nicht zu vernachlässigen.

Die Zauberbücher und magischen Lehrbücher sind voll von peinlichsten, scheinbar lächerlichen Vorschriften:

Zehn oder zwanzig Tage lang Nahrungsmittel ohne Salz zu essen, auf den Ellbogen aufgestützt zu schlafen, einen schwarzen Hahn um Mitternacht an einem Kreuzweg mitten im Walde zu opfern, auf den Friedhof zu gehen und eine Handvoll Erde auf das frische Grab eines Toten zu streuen etc. etc., sich in bestimmte bizarre Gewänder zu kleiden und lange, verdrießliche Beschwörungen sprechen. Wollen sich die Schreiber dieser Bücher über ihre Leser lustig machen? Enthüllten sie ihnen wahre Geheimnisse? Nein, sie machten sich nicht lustig, und ihre Lehren waren ernstgemeint. Ihr Ziel war, die Einbildungskraft ihrer Schüler anzuregen, und ihnen das Bewußtsein einer Kraft zu geben, die existiert, sobald man daran glaubt und die durch die Beharrlichkeit der Anstrengung zunimmt. Nur kann es durch das Gesetz der Reaktion der Gegensätze geschehen, daß man den Teufel beschwört, wenn man seinen Kopf darauf setzt zu Gott zu beten, und daß man nach satanischen

Beschwörungen die Engel weinen hört. Die ganze Hölle tanzte nach Schellengeläute, wenn der hl. Antonius seine Psalmen sprach, und das Paradies schien vor den Bezauberungen Merlins oder des großen Albert zu erstehen.

Die Ceremonien an sich bedeuten wenig, alles hängt vom „aspir" und „respir" ab. Die durch langen Gebrauch geheiligten Sprüche vereinigen uns mit Lebendigen und Toten, und unser Wille, der so in die großen Ströme eintritt, kann sich mit all ihren Ausflüssen wappnen. Eine Dienerin, die solches ausführt, kann im gegebenen Augenblick über die ganze Macht, selbst über die irdische Macht der Kirche verfügen, unterstützt durch die Waffen Frankreichs zur Zeit der Taufe und Entführung des Juden Mortara. Die ganze Civilisation Europas hat im XIX. Jahrhundert gegen diese Tat Einspruch erhoben und hat sich ihr unterworfen, weil eine fromme Dienerin es gewollt hat. Aber die Erde schickte diesem Mädchen als Hilfsmittel die spectralen Emanationen der Jahrhunderte eines hl. Dominik und de Torquemada; der heilige Ghislieri betete für sie. Der Schatten des großen Königs, der das Edikt von Nantes widerrief, gab ihm ein Zeichen der Zustimmung und die ganze klerikale Welt war bereit sie zu unterstützen.

Jeanne d'Arc, die als Zauberin verbrannt wurde, hatte tatsächlich den heldenhaften Geist Frankreichs an sich gerissen und verbreitete ihn in wunderbarer Weise; sie elektrisierte Frankreichs Armee und schlug die Engländer in die Flucht.

Ein Papst hat sie wieder in ihre Rechte eingesetzt; es genügte nicht, er mußte sie heilig sprechen.

Wenn diese Wundertäterin keine Zauberin war, so war sie allem Anscheine nach eine Heilige. Was ist ein Zauberer also? Er ist ein Wundertäter, den der Papst nicht anerkennt.

Die Wunder sind, wenn man mir diesen Ausdruck gestattet, Torheiten der Natur, die durch die Begeisterung des Menschen entstehen. Sie erscheinen immer kraft derselben Gesetze. Jede volkstümlich berühmte Person könnte Wunder tun, tatsächlich oft ohne es zu wissen. In der Zeit, als Frankreich seine Könige anbetete, heilten die Könige die Skrofeln. In unseren Tagen hat die große Beliebtheit der malerischen und barbarischen Soldaten bei einem derselben Namens Jakob die Fähigkeit entwickelt, durch seinen Blick und seine Stimme zu heilen. Man erzählt, dieser Zuave habe sein Corps verlassen, um zu den Grenadieren überzugehen, und wir sind überzeugt, daß der Grenadier Jakob nicht mehr die Kraft hat, die schließlich allein dem Zuaven gehörte.

Zur Zeit der Druiden gab es bei den Galliern wundertätige Frauen, die Elfen oder Feen genannt wurden. Für die Druiden waren sie Heilige, für die Christen sind sie Hexen. Josef Balsamo, den seine Jünger den göttlichen Cagliostro nannten, wurde in Rom als Ketzer und Zauberer verdammt, weil er ohne die Bevollmächtigung des Bischofs gewahrsagt hatte und Wunder vollbrachte. Auch hatten die Inquisitoren recht, da allein die römische Kirche das Monopol der hohen Magie und der wirksamen Ceremonien besaß. Mit Wasser und Salz vertreibt sie die Dämonen; mit Brot und Wein beschwört sie Gott und zwingt ihn fühlbar und sichtbar auf der Erde zu werden; mit Oel verleiht sie Gesundheit und Vergebung.

Sie tut noch mehr, sie erschafft Priester und Könige. Sie allein versteht und macht es verständlich, warum die drei Könige des magischen Königreichs, die drei Weisen aus dem Morgenland, geführt vom leuchtenden Stern, gekommen sind, um Jesus in seiner Wiege das Gold zu bringen, das die Augen blendet und die Herzen erobert, den Weihrauch, der den Kopf benebelt und die Myrrhen, die Leichen erhalten und dadurch in gewisser Weise das Dogma der Unsterblichkeit greifbar machen, indem sie die Unverletzlichkeit und Unverweslichkeit im Tode zeigen.

IX. Kapitel.

Das magische Opfer.

Wir wollen zuerst allgemein vom Opfer sprechen. Was ist das Opfer? Das Opfer ist die Verwirklichung der Hingabe. Der Unschuldige vertritt in dem freiwilligen Werk des Sühneopfers den Schuldigen. Die edelmütige Ungerechtigkeit trägt die Schmerzen der niederträchtigen Gerechtigkeit des Aufrührers, der widerrechtlich die Lust in Anspruch nimmt.

Es ist die Mäßigkeit des Weisen, die im Universalleben das Gegengewicht gegen die Orgien der Unsinnigen bildet.

In der alten Welt waren die Opfer selten freiwillig. Der Schuldige weihte das, was er als sein Eigentum oder seine Eroberung betrachtete dem Untergange.

Die schwarze Magie ist die okkulte Fortsetzung der von den Alten verbannten Riten. Das Opfer ist die Grundlage der Mysterien in der Schwarzkunst, und die Zaubergesten sind magische Opfer, in denen der Magnetismus des Bösen an die Stelle des Scheiterhaufens oder des Messers tritt. In der Religion rettet der Glaube; in der schwarzen Magie tötet der Glaube.

Wir haben schon verständlich gemacht, daß die schwarze Magie die Religion des Todes ist.

Für einen Anderen sterben ist das erhabene Opfer. Einen Anderen töten um nicht sterben zu müssen, ist das gottlose Opfer. In den Tod eines Unschuldigen einwilligen, um sicher vor der Strafe unserer Irrtümer zu sein, wäre die letzte und unverzeihlichste Niedertracht, wenn die Opfergabe nicht freiwillig wäre und dieses Opfer nicht das Recht hätte, sich darzubieten, da es über uns erhaben und absolut sein eigener Herr ist. Man hat gefühlt, daß dieses notwendig ist, um den Menschen zu erlösen.

Wir sprechen hier von einem Glauben, der durch Jahrhundert lange Verehrung und den Glauben von mehreren Millionen Menschen geheiligt ist, und da wir gesagt haben, daß ein gesammeltes und beharrliches Wort das auslöst, was es behauptet, so können wir sagen, daß es sich so verhält.

Das Opfer des Kreuzes erneuert sich und bleibt in dem des Altars bestehen. Dort ist es für den Gläubigen vielleicht noch erschreckender. Das Gottesopfer findet tatsächlich statt, ohne die Gestalt des Menschen zu haben; es ist stumm und passiv, gibt sich dem hin, der es annimmt, setzt dem einen Widerstand entgegen, der es verhöhnt. Es ist eine weiße, zerbrechliche Hostie. Gott erscheint auf den Anruf eines schlechten Priesters und wendet nichts ein, wenn man ihn in die unreinsten Riten vermengte. Vor dem Christentum aßen die Strygier das Fleisch von kleinen erwürgten Kindern; jetzt begnügen sie sich mit der heiligen Hostie.

Man ahnt nicht, was für eine übermenschliche Gewalt des Bösen die schlimmsten Andächtigen aus dem Mißbrauch der Sakramente schöpfen. Nichts ist vergiftender, als wenn ein Flugschriftenschreiber zur Kommunion geht. Er ist voll schlechten Weines, sagt man von einem Trunkenbold, der seine Frau schlägt, wenn er trunken ist. Ich habe eines Tages von einem angeblichen Katholiken gehört, daß bei ihm der liebe Gott schlecht sei. Es scheint, als fände im Munde gewisser Kommunikanten eine zweite Transsubstantiation statt. Man hat ihnen Gott auf die Zunge gelegt, sie aber verschlingen den Teufel.

Die katholische Hostie ist etwas wirklich Furchtbares. Sie umfaßt den ganzen Himmel und die ganze Hölle, denn sie ist magnetisch durch den Magnetismus von Jahrhunderten und von Menschenscharen. Nähert man sich ihr im wahren Glauben, so ist es wohltätiger Magnetismus, macht man schlechten Gebrauch davon, so ist es der konzentriert böse Magnetismus. Daher wird nichts zur Vollendung von Zaubereien so sehr gesucht und für so mächtig wirkend angesehen als die Hostie, die vom legitimen Priester geheiligt und durch eine ruchlose Gotteslästerung von ihrer frommen Bestimmung abgebracht wurde.

Wir geraten hier auf den Grund der Greuel der schwarzen Magie, und niemand vermutet, daß wir, indem wir sie angeben, zu seiner verabscheuungswerten Nützung auffordern.

Gilles de Laval, Herr von Retz, ließ in einer geheimen Kapelle seines Schlosses von Machecoul die schwarze Messe durch einen abtrünnigen Jakobiner feiern. Bei der Erhebung erwürgte man ein kleines Kind und der Marschall kommunizierte mit dem Stück einer in das Blut des Opfers getauchten Hostie.

Der Schreiber des Zauberbuches von Honorius sagt, es müsse ein Priester sein, der die Werke der schwarzen Magie vollbringe. Nach ihm sind die Ceremonien des katholischen Kultes am besten dazu geeignet, den Teufel zu beschwören, und nach dem Geständnis des Paters Ventura wird der Teufel tatsächlich in den Handlungen dieses Kultes geboren. In einem an Mr. Gougenot des Mousseaux gerichteten und von letzterem am Anfang seiner Hauptwerke veröffentlichten Brief, fürchtet der theatinische Gelehrte sich nicht zu behaupten, daß der Teufel der Narr der katholischen Religion sei (soweit wenigstens, wie es Pater Ventura verstand). Es folgen hier seine eigenen Aussprüche: „Voltaire hat gesagt, Satan ist das Christentum; ohne Christentum kein Satan".

„Man kann also sagen, daß das Hauptwerk Satans in dem Gelingen liegt sich ableugnen zu lassen“.

„Das Dasein des Satan beweisen, heißt also die Grundlagen wiederherstellen, die dem Christentum als Basis dienen und ohne welche es nur ein Wort ist“.

(Brief des Paters Ventura an den Chevalier Gougenot des Mousseaux zu Anfang des Buches „Die Magie im XIX. Jahrhundert“.)

Nachdem Proudhon sich nicht gefürchtet hat, zu sagen: „Gott ist das Böse“, vollendet ein Priester, der als Eingeweihter gilt, den Gedanken des Atheisten, indem er sagt: Das Christentum ist der Satanas. Er sagt das mit roher Offenherzigkeit, da er die Religion, die er auf so entsetzliche Weise verleumdet, zu verteidigen glaubt. So sehr hat die Simonie und haben die materiellen Intressen gewisse Glieder der Priesterschaft in das schwarze Christentum des Gilles de Lavale und des Zauberbuches des Honorius gestürzt. Indessen sagt derselbe Pater zum Papst: „Für eine Erdenscholle dürfen wir nicht das himmlische Königreich preisgeben“. Pater Ventura war persönlich ein anständiger Mensch, und manchmal trug der wahre Christ den Sieg über den Mönch und Priester davon.

Sich um einen anerkannten Punkt sammeln und sich auf ein Zeichen hin an alle Strebungen zum Guten gebunden fühlen, heißt genug Glauben besitzen, Gott in diesem Zeichen in die Erscheinung treten zu lassen. Solcher Art ist das Wunder, das sich täglich an den Altären des wahren Christentums vollzieht.

Dasselbe Zeichen, das entheiligt und dem Bösen geweiht wird, muß in gleicher Weise das Böse verwirklichen. Wenn der Gerechte nach der Kommunion sagen kann: „Ich lebe nicht mehr selbst, sondern Jesus lebt in mir“, oder mit anderen Worten: „Ich bin nicht mehr ich selbst; ich bin Jesus Christus, ich bin Gott"; so kann der unwürdige Kommunikant mit nicht weniger Gewißheit und Wahrhaftigkeit behaupten: „Ich bin nicht mehr ich selbst; ich bin Satan".

Das große Geheimnis der schwarzen Magie besteht darin, den Satanas zu erschaffen und zum Satanas zu werden, und solches glaubten die mitschuldigen Zauberer des Herrn von Retz für ihn zu vollführen und vollführten es auch bis zu einem gewissen Grade, als sie die Teufelsmesse lasen.

Wenn der Mensch niemals die Kühnheit gehabt hätte, Gott erschaffen zu wollen, indem er ihm einen Körper gab, hätte er sich dann der Gefahr ausgesetzt, den Teufel zu erschaffen? Haben wir nicht gesagt, daß ein körperlicher Gott notwendigerweise einen Schatten werfen muß, und daß dieser Schatten Satan ist? Wir haben es gesagt, wir werden niemals das Gegenteil sagen. Wenn aber der Körper Gottes Einbildung ist, dann kann sein Schatten nicht Wirklichkeit sein.

Der göttliche Körper ist nur ein Schein, ein Schleier, ein Hauch. Jesus hat ihn durch den Glauben wahr gemacht. Laßt uns das Licht anbeten und dem Schatten keine Wirklichkeit geben, denn er ist nicht der Gegenstand unseres Glaubens.

Die Natur hat es gewollt und will immer, daß es eine Religion auf Erden gibt. Die Religion keimt, gedeiht und entwickelt sich im Menschen; sie ist die Frucht seiner Wünsche und Bestrebungen; sie soll geregelt werden durch die beherrschende Vernunft. Aber das Streben des Menschen nach Unendlichkeit, sein Wunsch nach dem ewig Guten und vornehmlich seine Vernunft kommen von Gott.

X. Kapitel.

Die Beschwörungen.

Nur die Vernunft hat das Recht zur Freiheit. Freiheit und Vernunft, die beiden großen und wesentlichen Vorrechte des Menschen sind so eng miteinander verknüpft, daß man die eine nicht ableugnen kann, ohne auf die Ausübung der andern zu verzichten. Die Freiheit will den Sieg der Vernunft und die Vernunft verlangt herrisch die Freiheit. Vernunft und Freiheit gelten dem Menschen mehr als das Leben. Es ist schön, für die Freiheit zu sterben und erhaben Märtyrer der Vernunft zu sein, weil Vernunft und Freiheit sogar das Wesen der Unsterblichkeit der Seele ausmachen.

Gott selbst ist die freie Vernunft von allem, was besteht. Der Teufel ist dagegen die verhängnisvolle Unvernunft.

Die Vernunft oder seine Freiheit verleugnen, heißt Gott entsagen. Die Unvernunft oder das Schicksal herausfordern, heißt den Teufel beschwören.

Wir haben gesagt, daß der Teufel existiert, und daß er tausendmal entsetzlicher und unerbittlicher ist, als man ihn selbst in den schwärzesten Legenden darstellt. Für uns und die Vernunft kann er weder der schöne gefallene Engel Miltons sein noch der wetterleuchtende Lucifer, der seine vom Blitz getroffene Strahlenkrone des Verhängnisses in die Nacht bringt. Diese titanischen Fabeln sind gottlos. Der wahre Teufel ist der, den die Skulpturen unserer Kathedralen und die naiven Maler unserer gotischen Bücher darstellen. Seine Gestalt, im wesentlichen die einer Schlange, ist die Synthese von allen Plagen. Er ist greulich, unförmig und grotesk. Er ist gefesselt. Ueberall hat er Augen, nur nicht am Kopfe, er hat am Bauch, an den Knien, und am unreinen Hinterteil Gesichter. Er ist überall, wo die Torheit Einlaß findet und bringt überall die Qualen der Hölle mit sich.

Durch sich selbst spricht er nicht, aber er läßt alle unsere Laster sprechen. Er ist die geheime Stimme im Bauch des Vielfraßes, der Python der verlorenen Frauen. Seine Stimme ist bald stürmisch wie der Wirbelwind, bald einschmeichelnd wie leichtes Geflüster. Er schleicht sich mit seiner zweizüngigen Sprache in unsere Ohren ein, um zu unserem beunruhigten Hirn zu sprechen, er vibriert mit seinem Schwanze wie ein Pfeil, um unsere Herzen zu verführen. Er tötet die Vernunft in unserem Kopf; er vergiftet die Freiheit unseres Herzens und das alles tut er unaufhörlich und erbarmungslos, denn er ist nicht irgend jemand, sondern er ist eine blinde Gewalt; er ist verflucht, jedoch mit uns; er sündigt, jedoch in uns. Wir sind allein verantwortlich für das Böse, das er uns tun läßt, denn er hat weder Freiheit noch Vernunft.

Der Teufel ist das Tier; der hl. Johannes wiederholt es bis zum Ueberdruß in seiner wunderbaren Apokalypse. Wie aber soll man die Apokalypse verstehen, wenn man nicht den Schlüssel der heiligen Kabbala besitzt?

Eine Beschwörung ist also ein Appell an das Tier, und das Tier allein kann darauf antworten. Wir wollen hinzufügen, daß man, um das Tier sichtbar zu machen, es in sich selbst formen und es dann sich auswirken lassen muß. Dies ist das Geheimnis aller Zauberbücher, aber es ist von den alten Meistern nur in sehr verschleierten Worten gesagt worden.

Um den Teufel zu sehen, muß man sich das Aussehen eines Teufels geben und sich dann im Spiegel betrachten, das ist das Geheimnis in aller Einfalt gesagt, wie man es einem Kinde sagen könnte. Fügen wir für die Erwachsenen hinzu, daß in dem Mysterium der Zauberer die teuflische Fratze sich durch astrale Vermittlung in die Seele einprägt, und daß die durch Schwindelei belebte Finsternis der Spiegel ist.

Jede Beschwörung wird vergeblich sein, wenn der Zauberer nicht damit beginnt, daß er seine Seele verdammt, indem er seine Freiheit und Vernunft für immer opfert. Man muß dies bis zum Grunde verstehen! Um das Tier in uns hervorzubringen, muß der Mensch getötet werden, das wurde in dem zuvor erwähnten Opfer eines Kindes gezeigt, und besser noch in der Entweihung der Hostie. Der Mensch, der sich zu einer Beschwörung entschließt, ist ein Elender, dem die Vernunft eine Last ist, und der seinen bestialischen Hunger vergrößern will, um einen magnetischen, mit verhängnisvollem Einfluß begabten Herd zu schaffen.

Er selbst will Unvernunft und Verhängnis werden; er will ein aus der Bahn gebrachter und schlechter Magnet sein, um das Laster und das Gold, das es ernährt, anzuziehen. Es ist das entsetzlichste Verbrechen, das die Einbildung träumen kann. Es ist eine Gewalttat gegen die Natur. Es ist ein Schlag in das Gesicht der Göttlichkeit; es ist aber auch glücklicherweise ein erstaunlich schwieriges Werk und der größte Teil derer, die es versucht haben, sind an seiner Ausführung gescheitert. Wenn ein genügend starker und verderbter Mensch den Teufel unter den gewollten Umständen beschwören würde, dann wäre der Teufel verwirklicht. Gott würde matt gesetzt und die entsetzte Natur würde sich dem Despotismus des Bösen unterwerfen.

Man erzählt: einst habe ein Mensch diese ungeheuerliche Tat vollbringen wollen und sei Papst geworden; auf dem Totenbett habe er gestanden, daß er die ganze Kirche in die Netze der schwarzen Magie eingehüllt habe. Sicher ist, daß der Papst so gelehrt war wie Faust, und daß man ihn für den Schöpfer mehrerer wunderbarer Erfindungen hält. Wir haben in einem unserer Werke schon von ihm gesprochen. Er hat bereut und das ist nach derselben Legende der Beweis dafür, daß er niemals den Teufel beschworen hat, d. h. daß er nie der Teufel war, denn er bereute. Der Teufel bereut niemals.

Die meisten Menschen sind mittelmäßig, weil sie unvollkommen sind. Die anständigen Menschen tun manchmal etwas Böses, und die Ruchlosen verlieren und vergessen sich manchmal soweit, daß sie etwas Gutes wollen und tun. Die Sünden gegen Gott schwächen im Menschen die Kraft Gottes; und die Sünden gegen den Teufel, gute Wünsche und Taten, entnerven die Kraft des Teufels. Um in der Höhe oder der Tiefe, zur Rechten oder Linken eine außergewöhnliche Gewalt ausüben zu können, muß man ein vollkommener Mensch sein.

Furcht und Reue rühren vom Guten her, und dadurch verraten sich die Verbrecher. Um im Bösen Erfolg zu haben, muß man absolut schlecht sein. Daher versichert man, Mandrin habe seinen Straßenräubern die Beichte abgenommen, und wenn sie sich ihm gegenüber verrieten, Mitleid gehabt zu haben, so befahl er ihnen zur Strafe ein Kind oder eine Frau zu ermorden. Nero hatte gute Seiten, er war Künstler; und das verdarb ihn. Er zog sich zurück und tötete sich trotz des verachteten Musikers. Wäre er nur Kaiser gewesen, so hätte er lieber Rom ein zweites Mal verbrannt, als seinen Platz dem Senat und Vindex überlassen. Das Volk hatte sich für ihn erklärt; hätte er Gold regnen lassen, so hätten die Leibwachen ihm noch einmal Beifall zugerufen. Der Selbstmord Neros war nur eine Artisten-Koketterie.

Wirklich Satanas zu werden, wäre ein unvollkommener Sieg der Verderbtheit des Menschen, wenn es ihm nicht zugleich gelänge, sich unsterblich zu machen. Umsonst leidet Prometheus auf seinem Felsen. Er weiß, daß eines Tages seine Ketten zerreißen, und er Jupiter entthronen wird; aber um Prometheus zu sein, muß man das Feuer vom Himmel geholt haben, wir aber sind erst beim Feuer der Hölle.

Nein, Satans Traum ist nicht der des Prometheus. Wenn ein aufrührerischer Engel jemals dem Himmel das Feuer hätte entreißen können, d. h. das göttliche Geheimnis des Lebens, so hätte er sich zum Gott gemacht. Der Mensch allein aber ist wahnsinnig und borniert genug zu glauben, daß die Lösung eines Lehrsatzes dieser Art möglich sei. Das hieße vollbringen, daß das, was ist, zu gleicher Zeit nicht ist, daß Schatten Licht, Tod Leben, Lüge Wahrheit, daß Nichts Alles ist. Daher würde der rasende Tor, der das Absolute im Bösen verwirklichen möchte, schließlich wie der unkluge Alchymist bei einer fürchterlichen Explosion endigen, die ihn unter den Trümmern seiner unsinnigen Werkstatt begraben würde.

Ein augenblicklicher und niederschmetternder Tod ist das Endergebnis der höllischen Beschwörungen gewesen, und man muß zugeben, daß er nur zu sehr verdient war. Man geht nicht ungestraft bis zu den äußersten Grenzen des Wahnsinns. Es gibt gewisse Auswüchse, welche die Natur nicht duldet. Wenn man gesehen hat, wie Somnambule, die plötzlich erwachten, starben, wenn die Trunkenheit bei einem gewissen Grade den Tod verursacht ..... Aber wozu diese rückblickenden Drohungen, wird man fragen? Wer denkt denn in unserem Jahrhundert daran, Beschwörungen mit den Riten des Zauberbuches anzustellen? Auf diese Frage haben wir nichts zu antworten. Denn würden wir von unserem Wissen verraten, würde man uns vielleicht nicht glauben.

Man beschwört übrigens den Magnetismus des Bösen anders als mit den Riten der alten Welt. Wir haben in unserem vorhergehenden Kapitel gesagt, daß eine durch verbrecherische Absichten entweihte Messe zu einer Verhöhnung Gottes und einem Angriff des Menschen gegen sein eigenes Gewissen wird. Die Orakel, mögen sie im Wahn eines Halluzinierten oder durch die konvulsivischen Zuckungen der trägen, auf gut Glück magnetisierten Dinge erfragt sein, sind auch infernalische Beschwörungen, die die Freiheit und die Vernunft dem Schicksal unterordnen wollen. Es ist wahr, daß die, welche die Handlungen der schwarzen Magie ausführen, fast immer durch ihre Unwissenheit unschuldig sind. Sie rufen das Tier an, aber es ist nicht das wilde Tier, das sie ihrer Begierde dienstbar machen wollen. Sie fragen das dumme Tier nur um etwas Rat, der ihrer eignen Dummheit als Hilfsmittel dienen soll.

In der Magie des Lichtes besteht die Kunst der Beschwörung darin, die Ströme des astralen Lichtes zu magnetisieren und sie nach Willkür zu lenken. Dies war das Wissen des Zoroaster und des Königs Salomo, wenn man den alten Traditionen glauben kann. Aber um das zu tun, was Zoroaster und Salomo taten, muß man die Weisheit Salomos und das Wissen Zoroasters besitzen.

Um den Magnetismus des Guten leiten und beherrschen zu können, muß man der beste Mensch sein. Um den Sturm des Bösen aufzuwirbeln und zu beschleunigen, muß man der Schlechteste sein. Die echten Katholiken zweifeln nicht daran, daß die Gebete eines armen Klausners die Herzen der Könige wandeln und das Geschick des Kaiserreichs ins Wanken bringen können. Wir, die wir das Sammelleben, die magnetischen Ströme und die relative Allmacht des Willens zugeben, sind weit davon entfernt, diesen Glauben zu verachten.

Von den neuesten Entdeckungen der Wissenschaft wurden die Erscheinungen der Elektrizität und des Magnetismus Geistern in der Luft zugeschrieben, und der Eingeweihte, dem es gelang, magnetische Strömungen zu beeinflussen, glaubte Geistern zu befehlen! Aber die magnetischen Ströme sind verhängnisvolle Kräfte; um sie zu lenken und auszugleichen, muß man selbst ein vollkommener Mittelpunkt des Gleichgewichts sein, und letzteres fehlt den meisten dieser kühnen Teufelsbeschwörer.

Daher wurden sie so oft durch das unwägbare Fluidum niedergeschmettert. Sie wollten es mit Gewalt unterdrücken, ohne es neutralisieren zu können. Daher gestanden sie, etwas Unentbehrliches fehle ihnen; um absolut über die Geister herrschen zu können, fehle der Ring des Salomo.

Die Legende aber erzählt, der Ring des Salomo stecke noch am Finger dieses Monarchen und sein Körper sei in Stein eingeschlossen, der erst am Tage des jüngsten Gerichts bersten wird.

Diese Legende ist wie fast alle Legenden wahr, man muß sie nur verstehen.

Was stellt ein Ring dar? — Ein Ring ist das Ende einer Kette und ist ein Kreis, an den sich andere Kreise schließen können.

Die Obersten des Priesterstandes haben immer Ringe getragen zum Zeichen ihrer Herrschaft über den Kreis und die Kette der Gläubigen.

Noch heute setzt man die Prälaten durch Verleihung des Ringes in ihr Amt ein, und in der Feierlichkeit der Vermählung überreicht der Gatte seiner Gattin einen von der Kirche gesegneten Ring, um sie damit zur Herrin und Führerin der Interessen seines Hauses und des Kreises der Dienstboten zu machen.

Der hohepriesterliche Ring und der Hochzeitsring, durch die Macht des Priesters geheiligt und überreicht, ist eine Macht und verwirklicht sie.

Aber ein ungleich Anderes ist die öffentliche und soziale Macht, und ein Anderes ist die philosophische, sympathische und okkulte Macht.

Salomo wird für den souveränen Pontifex der Weisen gehalten, und er soll in dieser Eigenschaft die unumschränkte Gewalt des okkulten Priestertums besessen haben, denn man sagt, er habe über das universale Wissen verfügt, und in ihm allein verwirklichte sich das Versprechen der großen Schlange: „Ihr werdet wie Götter sein und wissen, was gut und böse ist".

Man sagt, Salomo habe den Prediger Salomos geschrieben, das gewaltigste aller seiner Werke, nachdem er Astarte und Chemosch angebetet habe, die Göttinnen der gefallenen Frauen.

So hatte er sein Wissen vervollständigt und fand vor seinem Tode die magische Kraft seines Ringes wieder. Nahm er ihn wirklich mit sich ins Grab? Eine andere Legende läßt uns daran zweifeln. Man erzählt, die Königin von Saba habe den Ring scharf beobachtet, habe einen ganz gleichen gemacht, sei während seines Schlafes zu ihm gegangen und habe verstohlenerweise die beiden Ringe vertauscht. Den wahren Ring Salomos habe sie zu den Sabäern gebracht, und Zoroaster habe ihn später gefunden.

Das war ein verzierter Ring aus den sieben großen Grundmetallen und trug das Zeichen der sieben Genien mit einem roten Magnetstein, auf dessen einer Seite das gewöhnliche Siegel Salomos eingraviert war.

und auf der anderen Seite sein magisches Siegel.

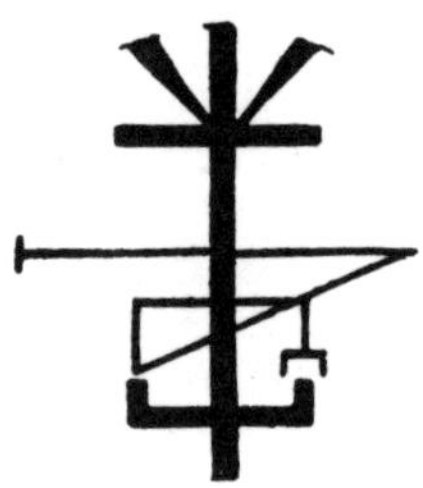

Die Kenner unserer Werke werden diese Allegorie verstehen.

XI. Kapitel.

Die Geheimnisse des salomonischen Ringes.

Sucht im Grabgewölbe Salomos, das heißt in den Krypten der Philosophie nicht nach dem Ring sondern nach dem Wissen. Mit Hilfe des Wissens und eines beharrlichen Willens wird es euch gelingen, das erhabene Geheimnis der Weisheit zu erwerben, welches die freie Beherrschung der ausgeglichenen Bewegung ist. Dann könnt ihr euch den Ring verschaffen: ihr laßt ihn durch einen Goldschmied machen und braucht ihm nicht das Geheimnis anzuvertrauen.

Er kann es andern nicht verraten, da er selbst nicht weiß, was er tut.

Dies ist das Rezept für den Ring: Nehmt und vermischt eine kleine Menge Gold, mit dem Doppelten an Silber in den Stunden der Sonne und des Mondes; fügt drei Teile reinen Kupfers, so groß wie die ersten hinzu, vier Teile Zinn, fünf Teile Eisen, sechs Teile Quecksilber und sieben Teile Blei. Vermengt alles in den Stunden, die den Metallen entsprechen und macht einen Ring daraus, dessen kreisrunde Form an einer Stelle abgeplattet und ein wenig verbreitert ist, um die Zeichen eingravieren zu können.

Macht an diesen Ring eine quadratförmige Fassung, die einen roten Magnet-Stein enthält, der von einem doppelten goldenen Ring eingefaßt wird. Ritzt in die Ober- und Unter-Seite das doppelte Siegel Salomos.

Schreibt auf den Ring die okkulten Zeichen der sieben Planeten, wie sie in den magischen Urlehren des Paracelsus oder in der okkulten Philosophie des Agrippa dargestellt werden; magnetisiert den Ring sehr kräftig, indem ihr ihn eine Woche lang täglich durch die in unserem Ritual verzeichneten Zeremonien weiht.

Vernachlässigt dabei weder die Farbe der Gewänder, noch die besonderen Räucherungen, weder die Gegenwart gleichgearteter Tiere, noch die besonderen Beschwörungen, welche immer der in unserm Ritual verzeichneten Beschwörung der Vier voraus gehen sollten.

Dann hüllt ihr den Ring in ein Seidentuch, und nachdem ihr es mit Wohlgerüchen getränkt habt, könnt ihr ihn tragen.

Ein rundes Stück Metall oder ein auf dieselbe Art vorbereiteter Talisman würde dieselbe Kraft haben wie der Ring.

Ein so vorbereiteter Gegenstand ist ein Willensbehälter, es ist ein magnetischer Lichtspiegel, der sehr nützlich sein kann, aber niemals notwendig ist.

Wir haben übrigens gesagt, daß die alten Riten ihre Wirksamkeit verloren haben, seit das Christentum in der Welt erschienen ist.

Die christlich-katholische Religion ist tatsächlich die Tochter Jesu, des Königs der Magier. Ihr Kultus ist nichts anderes als die hohe Magie, die den Grenzen der Priesterherrschaft unterworfen wurde; diese sind ihr unentbehrlich, um vernünftig und wirksam zu sein.

Ein einfaches Skapulier, das von einem aufrichtig christlichen Menschen getragen wird, ist ein weniger leicht zu besiegender Talisman als Ring und Pentakel Salomos.

Jesus Christus, dieser so demütige Gottmensch hat von sich gesagt: „Die Königin von Saba ist aus dem fernen Orient gekommen um Salomo zu sehen und zu hören; hier aber ist mehr als Salomo."

Die Messe ist die wunderbarste Beschwörung.

Der Hexenmeister beschwört die Toten, der Zauberer den Teufel und zittert; der katholische Priester aber zittert nicht, wenn er den lebendigen Gott beschwört!

Was sind alle Talismane der antiken Wissenschaft neben der geheiligten Hostie?

Laßt das Skelett Salomons in seinem Steinsarg ruhen und auch den Ring, den er an seinem dürren Finger tragen mag. Jesus Christus ist wieder auferstanden, er lebt. Nehmt einen jener silbernen Ringe, die man an den Kirchentüren verkauft, und die das Bild des Gekreuzigten mit den zehn Perlen des Rosenkranzes tragen. Wenn ihr würdig seid ihn zu tragen, so wird er wirksamer an euerer Hand werden, als es der wahre Ring des Salomo sein würde.

Die magischen Riten und die kleinen Uebungen sind für den Unwissenden und Abergläubischen alles. Und wir erinnern uns gegen unsern Willen an eine kleine, sehr bekannte Geschichte, welche wir in wenigen Worten wieder erzählen werden, weil sie hierher gehört:

Zwei Mönche treten in eine Strohhütte ein, die man der Obhut zweier Kinder überlassen hatte. Sie bitten um ein Ruhelager und um Essen, wenn es möglich ist. Die Kinder antworten, daß sie nichts haben und darum nichts geben können. „Nun gut“, sagt einer der Mönche, „da ist Feuer, leiht uns nur einen Topf und ein wenig Wasser, wir werden uns unsere Suppe selbst kochen“. — „Womit?“ — „Mit diesem Kieselstein“, sagt der schlaue Mönch und hebt einen Kiesel auf. „Meine Kinder“, wißt ihr nicht, daß die Jünger des heiligen Franziskus das Geheimnis der Kieselstein-Suppe kennen?“

— Die Kieselstein-Suppe?

Wie wunderbar für die Kinder. Man verspricht ihnen, daß sie kosten dürfen und sie ausgezeichnet finden werden. Schnell nimmt man den Topf, gießt Wasser hinein, schürt das Feuer und legt den Kieselstein vorsichtig ins Wasser. — „Sehr gut“, sagen die Mönche. „Jetzt ein wenig Salz und ein wenig Gemüse; ihr habt solches in eurem Garten, könnte man nicht ein wenig geräucherten Speck hinzufügen?" — Die Kinder stehen um den Herd und sehen mit Erstaunen zu. Der Topf kocht. „Geht, schneidet Brot und tut es in die Schüssel. — Hm! welcher Duft! deckt zu und laßt es ziehen. Was den Stein anbetrifft, wickelt ihn sorgfältig ein, wir lassen ihn euch für eure Mühe; er nützt sich niemals ab und kann immer dienen. Jetzt kostet die Suppe! Nun was sagt ihr?" — „Oh! sie ist ausgezeichnet!" sagen die kleinen Bauernkinder und klatschen in die Hände. Es war in der Tat eine gute Kohlsuppe mit Speck. Die Kinder hätten es nicht gewagt, ihren Gästen diese Suppe ohne den Kieselstein anzubieten.

Die magischen Riten und die religiösen Uebungen gleichen ein wenig dem Kieselstein der Mönche. Sie dienen als Vorwand und Gelegenheit die Tugenden zu üben, welche einzig für das moralische Leben des Menschen unentbehrlich sind. Ohne den Stein hätten die Mönche nicht gegessen; der Stein besaß also wirklich eine Kraft? — Ja, in der Einbildung der Kinder, die durch die Geschicklichkeit der guten Väter angeregt worden war.

Dies soll gesagt sein, ohne Jemand zu tadeln oder zu beleidigen. Die Mönche waren geistvoll, sie waren keine Lügner. Sie verhalfen den Kindern zu einer guten Tat, sie setzten sie in Erstaunen und teilten eine gute Suppe mit ihnen. Und hierzu raten wir denen, die Hunger haben, und für welche die Kohlsuppe zu schwierig herzustellen ist, oder für die es zu einfach ist, die Kieselstein-Suppe zu bereiten.

Man muß uns hier richtig verstehen. Wir wollen nicht sagen, daß die Zeichen und Riten eine große Mystifikation sind. Sie wären es, wenn die Menschen sie nicht nötig hätten. Aber man muß sich Rechenschaft davon geben, daß nicht alle Geister einander gleichen. Man hat den Kindern immer Fabeln erzählt und wird sie ihnen erzählen, solange es Ammen und Mütter gibt. Die Kinder glauben, und das rettet sie. Stellt euch einen Jungen vor, der sagen wollte: „Ich will nichts mehr gelten lassen, was ich nicht verstehe“. Was könnte man diesen kleinen Balg noch lehren? — Stelle die Sache über das Wort deiner Lehrer, mein guter Freund, und wenn du kein Idiot bist, wirst du verstehen.

Die Kinder brauchen Fabeln, das Volk braucht Fabeln und Zeremonien; die Schwachheit des Menschen braucht Hilfsmittel. Glücklich, wer den Ring Salomos besäße, aber noch glücklicher wer Salomo an Wissen und Weisheit gliche oder überträfe, ohne seinen Ring nötig zu haben!

XII. Kapitel.

Das furchtbare Geheimnis.

Es gibt Wahrheiten, die für schwache und dumme Geister immer geheimnisvoll bleiben müssen. Und diese Wahrheiten kann man ihnen ohne Furcht sagen. Denn ganz gewiß werden sie dieselben niemals verstehen.

Was ist ein Dummkopf? —.

Etwas abgeschmackteres als ein Tier. Der Mensch, der angekommen sein will ohne vorher gegangen zu sein, der Mensch, der glaubt, er sei Herr über alles, weil er etwas erreicht hat, ein Mathematiker, der die Dichtung verschmäht, ein Dichter, der gegen die Mathematiker Einspruch erhebt, ein Maler, der behauptet, die Theologie und die Kabbala seien Unsinn, wenn er nichts von Theologie und Kabbala versteht. Es ist der Unwissende, der die Wissenschaft leugnet, ohne sich die Mühe zu geben, sie zu studieren. Es ist der Mensch, der spricht ohne zu wissen und ohne Gewißheit behauptet. Die Dummköpfe töten die genialen Menschen. Galilei ist nicht durch die Kirche verurteilt worden sondern durch die Dummköpfe, welche unglücklicher Weise zur Kirche gehörten. Dummheit ist ein wildes Tier mit der Ruhe der Unschuld; sie mordet ohne Gewissensbisse. Der Dummkopf ist der Bär der Fabel des La Fontaine. Er zermalmt unter einem Pflasterstein den Kopf seines Freundes, um eine Fliege zu vertreiben, versucht aber angesichts der Katastrophe nicht sich klar zu machen, daß er Unrecht gehabt hat. Die Dummheit ist unerbittlich und unfehlbar wie die Hölle und das Schicksal, denn sie wird immer vom Magnetismus des Bösen gelenkt.

Das Tier ist niemals dumm, so lang es frei und natürlich als Tier handelt; der Mensch aber lehrt klugen Hunden und Eseln die Dummheit. Der Dummkopf ist das dumme Tier, das den Instinkt verschmäht und sich das Ansehen der Klugheit gibt.

Es gibt für das Tier einen Fortschritt: „man kann es zähmen, abrichten und kann es ausbilden"; aber es gibt keinen Fortschritt für den Dummkopf, denn er glaubt, er habe nichts mehr zu lernen. Er will die andern gängeln und zurechtweisen, und niemals werdet ihr recht bei ihm haben. Er lacht euch ins Gesicht und sagt, daß das, was er nicht versteht, überhaupt unverständlich ist. Warum sollte ich es nicht verstehen, sagt er mit bewundernswürdiger Sicherheit? Und ihr könnt nichts darauf antworten. Es wäre ganz einfach eine Beleidigung, ihm zu sagen, daß er ein Dummkopf ist. Jeder sieht es ein; er aber wird es niemals wissen.

Das ist also schon ein furchtbares Geheimnis, das der Mehrzahl der Menschen unzugänglich ist. Es ist ein Geheimnis, das sie niemals erraten werden, und das ihnen zu sagen unnütz wäre, das Geheimnis ihrer eigenen Dummheit.

Sokrates trinkt den Schierlingsbecher, Aristides wird geächtet, Jesus wird gekreuzigt, Aristophanes lacht über Sokrates und bringt die Dummköpfe Athens zum Lachen; den Bauer kümmert es nicht, daß man Aristides den Namen eines Gerechten gibt, und Renan schreibt das Leben Jesu zum größten Vergnügen der Dummköpfe. Weil die Zahl der Dummen fast unendlich ist, ist die Politik die Wissenschaft des Verbrechens und der Lüge, und wird es auch immer bleiben. Macchiavelli hat es auszusprechen gewagt und erhielt wohlverdienten Tadel; denn als er vorgab, den Prinzen Unterricht zu geben, verriet er sie alle und gab sie der Verachtung der Menge preis. Ist man gezwungen, jemand zu betrügen, so darf man es nicht vorher sagen.

Wegen der schlechten und dummen Masse hat Jesus zu seinen Jüngern gesagt: „Ihr sollt eure Perlen nicht vor die Säue werfen, denn sie werden sie mit den Füßen zertreten und versuchen euch zu zerreißen."

Ihr, die ihr durch Werke mächtig werden wollt, sagt niemand eure geheimsten Gedanken. Sagt ihn selbst nicht der Frau, die euch liebt und fast möchte ich sagen: verbergt ihn vor ihr; erinnert euch an die Geschichte von Simson und Delila!

Sobald eine Frau glaubt, ihren Mann von Grund aus zu kennen, hört sie auf ihn zu lieben. Sie will ihn beherrschen und führen. Wenn er Widerstand leistet, haßt sie ihn; wenn er nachgibt, verachtet sie ihn. Ihr ganzes Interesse richtet sich auf einen anderen Mann. Die Frau hat immer Unbekanntes und Geheimnisvolles nötig, und ihre Liebe ist oft nichts weiter als unersättliche Neugier.

Darum haben die Beichtväter eine so große Macht über die Seele und fast immer über die Herzen der Frauen, weil sie alle ihre Geheimnisse kennen, während die Frauen von denen ihrer Beichtväter nichts wissen.

Die Freimaurer sind nur durch ein fürchterliches Geheimnis so mächtig, das so gut gehütet wird, daß es selbst die Eingeweihten des höchsten Grades nicht kennen.

Die katholische Religion findet bei den Massen Einlaß durch ein Geheimnis, das selbst der Papst nicht weiß. Dies ist das Geheimnis der Mysterien. Die alten Gnostiker kannten es, wie es ihr Name sagt, aber sie konnten kein Stillschweigen wahren. Sie wollten die Erkenntnis unter die Menge bringen; lächerliche Lehren gingen daraus hervor, die die Kirche mit Recht verdammte. Aber mit ihnen wurde unglücklicherweise die

Pforte des okkulten Heiligtums verdammt und der Schlüssel in den Abgrund geworfen.

Die Johanniter und Tempelherren wagten es bei Gefahr der ewigen Verdammnis, ihn dort zu holen. Verdienten sie es deshalb, in der anderen Welt verdammt zu werden?

Dies war die geheime Lehre Jesu:

Gott ist als Herr angesehen worden und das Böse war der Fürst der Welt; ich bin Gottes Sohn, wahrlich ich sage es euch: Lasset uns Gott nicht in der Ferne suchen, er ist in unserem Gewissen und in unserem Herzen. Mein Vater und ich sind eins, und ich will, daß ihr und ich auch eines seien. Wir wollen uns gegenseitig lieben wie Brüder. Wir wollen alle nur ein Herz und eine Seele haben. Das Gesetz der Religion ist für den Menschen gemacht, und nicht der Mensch um des Gesetzes willen. Die Gesetzesvorschriften sind der freien Willkür unserer Vernunft und unseres Glaubens unterworfen. Glaubt an das Gute, und das Böse vermag nichts wider euch. Wenn ihr in meinem Namen versammelt seid, so ist mein Geist mitten unter euch. Niemand von euch dünke sich der Herr des andern, aber jeder achte die Entscheidung der Versammlung. Jeder Mensch wird nach seinen Werken beurteilt werden und mit dem Maß gemessen, das er sich gesetzt hat. Das Gewissen eines jeden Menschen bildet seinen Glauben, und des Menschen Glaube ist Gottes Macht in ihm.

Wenn ihr Herr über euch selbst seid, wird die Natur euch gehorchen und ihr werdet die andern lenken. Der Glaube der Gerechten ist unerschütterlicher als die Pforten der Hölle und eure Hoffnung wird niemals zu schanden werden.

Ich bin ihr, und ihr seid ich im Geiste der Nächstenliebe, der unser ist und der Gott ist. Glaubt daran, und euer Wort wird Schöpfer sein. Glaubt daran, und ihr werdet Wunder tun. Die Welt wird euch verfolgen, ihr aber werdet die Welt überwinden.

Wer Nächstenliebe ausübt und den Unglücklichen hilft, ist gut; die Bösen haben mitleidslose Herzen und werden ewiglich durch die Vernunft und die Menschlichkeit verdammt werden.

Die alten Gemeinschaften, die sich auf diese Lüge gründen, werden umkommen, und eines Tages wird des Menschen Sohn über den Wolken des Himmels thronen, den Finsternissen der Abgötterei, und wird das letzte Urteil über Lebendige und Tote fällen.

Ersehnt das Licht, denn es wird erscheinen. Strebt nach Gerechtigkeit, denn sie wird kommen. Sucht nicht den Sieg durch das Schwert, denn wer Mord erzeugt, wird durch Mord umkommen. Durch Geduld und Sanftmut werdet ihr euch selbst und die Welt beherrschen.

Ueberlaßt diese bewundernswerte Lehre den Auslegungen der Sophisten der Dekadenz und den Rechthabern des Mittelalters, ihr werdet wunderbare Dinge daraus hervorgehen sehen! Wenn Jesus Gottes Sohn war, wie hat Gott ihn zeugen können? Ist er dieselbe Substanz wie Gott? — Die Substanz Gottes! Was für ein ewig dauernder Streitpunkt für die eingebildete Unwissenheit! — War er göttlicher oder menschlicher Natur? Besaß er zwei Naturen und zwei Willen? Furchtbare Fragen, die wohl wert sind, daß man sich exkommuniziert und erwürgt! —

Jesus hat eine Natur und zwei Willen, sagen die einen, aber hört nicht auf sie, sie sind Ketzer, zwei Naturen also und einen Willen? — Nein zwei Willen — also war er mit sich selbst in Widerspruch? Nein, denn diese beiden Willen waren eins, das nennt man die Dreieinigkeit. — Oh, oh, vor diesem Wort wollen wir schweigen, und dann muß man auch der Kirche gehorchen, die etwas ganz anderes geworden ist, als die ursprüngliche Gemeinde der Gläubigen. Das Gesetz ist für den Menschen gemacht, hat Jesus gesagt, aber die Kirche sagt, der Mensch ist für die Kirche gemacht, und sie gibt die Gesetze. Gott wird alle Gebote der Kirche heiligen und euch alle verdammen, wenn die Kirche bestimmt, daß ihr alle oder fast alle verdammt seid. Jesus hat gesagt, man solle sich auf die Versammlung berufen, also ist sie unfehlbar, also ist sie Gott. Wenn sie also bestimmt, daß zwei und zwei fünf ist, so wird zwei und zwei fünf sein.

Wenn sie sagt, die Erde steht fest, und die Sonne dreht sich, so ist das ein Verbot für die Erde, sich zu drehen. Sie wird euch sagen, daß Gott seine Auserwählten rettet, indem er ihnen wirksame Gnade gewährt, und daß die andern für immer verdammt sein werden, weil sie nur hinlängliche Gnade empfangen haben, welche der Erbsünde wegen im Grunde gerade ausreicht, in der Tat aber nicht genügen würde; daß der Papst rettet und verdammt, wenn er will, da er die Schlüssel von Himmel und Hölle hat. Dazu kommen die Casuisten mit ihren Schlüsselbünden, die nicht öffnen, sondern alle im Turme von Babel geplanten Gemächer doppelt und dreifach verschließen. O Rabelais! mein Meister, du allein kannst das Universalmittel gegen all diesen Wahnsinnn bringen! Sage uns endlich das letzte Wort, ob ein Hirngespinst, geräuschvoll in der Lehre zerplatzt, sich wieder von neuem füllen und sich den Wanst stopfen kann, indem es die innerste und wunderbarste Substanz unserer andern Bestrebungen absorbiert.

Ultrum chimoera in vacuum bombinans possit concidere secundum intentiones?

Andere Dummköpfe, andere Auslegungen. Da kommen euch die Gegner der Kirche und sagen: Gott ist im Menschen, d. h. es gibt keinen anderen Gott als der menschliche Geist. Steht der Mensch über dem religiösen Gesetz und hindert dieses Gesetz den Menschen, warum sollte er das Gesetz nicht streichen? Wenn wir Gott und alle Brüder sind, wenn niemand das Recht hat, sich unser Herr zu nennen, warum sollten wir dann gehorchen? Der Glaube ist die Vernunft der Dummköpfe. Wir wollen an nichts glauben und uns niemand unterwerfen.

Meinetwegen! Das ist stolz. Aber es wird nötig sein, alle gegen alle zu kämpfen und jeder gegen jeden. Das ist der Krieg der Götter und die Vertilgung der Menschen. Elend und Dummheit! . . . . . Immer und immer wieder Dummheit und Elend!

„Vater vergib Ihnen", sagt Jesus, „denn sie wissen nicht, was sie tun." Ihr Leute mit gesundem Menschenverstand, wer ihr auch seid, werde ich hinzufügen, hört nicht auf sie, denn sie wissen nicht, was sie sagen.

Dann aber sind sie unschuldig, wird ein schreckliches Kind rufen. — Stille, Unbesonnener! Um Himmels willen, die ganze Moral ist verloren. Du hast übrigens Unrecht. Wenn sie unschuldig wären, dann wären ihre Handlungen erlaubt; und möchtet ihr diese nachahmen? Alles glauben ist Dummheit, die Dummheit kann also nicht unschuldig sein; und wenn es mildernde Umstände gibt, so steht eine Entscheidung über dieselben allein Gott zu.

Unsere Art ist allem Anschein nach mangelhaft, und wenn man den größten Teil der Menschen sprechen hört oder handeln sieht, so könnte es scheinen, als hätten sie nicht genug Verstand, um im Ernst verantwortlich zu sein.

Hört in der Kammer die Menschen sprechen, die Frankreich mit seinem Vertrauen ehrt! Da ist der Wortführer der Gegenpartei, hier der Kämpfer des Ministeriums. Jeder beweist dem andern, daß er nichts von den Staatsangelegenheiten versteht. A beweist, daß B ein Kretin, und B beweist, daß A ein Quacksalber ist. Wem soll man glauben? Seid ihr weiß, werdet ihr A für glaubwürdig halten? Seid ihr rot, so nehmt ihr die Meinung von B an. Aber die Wahrheit ist, mein Gott, daß A und B Charlatane und Lügner sind. Da Zweifel zwischen beiden möglich sind, hat der eine dem anderen bewiesen, daß der eine wie der andere nichts wert ist. Ich bewundere den Beweis, und ich bewundere alle beide in dieser gegenseitigen Vernichtung. In den Büchern findet man alles, was man will, nur oft nicht das, was der Verfasser hat hineinlegen wollen. Man lacht über die Religion als einen Betrug und man schickt seine Kinder in die Kirche. Man macht Staat mit dem Cynismus und ist abergläubisch. Man fürchtet vor allem den gesunden Menschenverstand, die Wahrheit, die Vernunft!

Die kindische Eitelkeit und das schmutzige Interesse führen bis zum Tod, diesem endgültigen Vergessen und erhabensten Spötter, den Menschen an der Nase herum. Die meisten Seelen sind von Grund aus eitel. Eitelkeit ist Leere! Vervielfacht die Null, so oft ihr wollt, es wird immer Null sein; häuft das Nichts aufeinander, und ihr werdet zu nichts, nichts und nichts kommen. Das Nichts ist das Programm der Mehrzahl der Menschen.

Aber sie sollen unsterblich sein! diese auf so lächerliche Weise betrügerischen und betrogenen Seelen sollen unvergänglich sein! Für all diese Tollköpfe ist das Leben eine erhabene Falle, welche die Hölle verbirgt. Sicher steckt ein furchtbares Geheimnis dahinter, das der Verantwortung. Der Vater hat die Verantwortung für seine Kinder, der Herr für seine Diener und der kluge Mensch für die kopflose Menge. Die

Erlösung vollbringt der erhabene Mensch; die Dummheit leidet, aber der Geist allein sühnt.

Der Schmerz des Wurmes, den man zertritt und der Auster, die man aufreißt, sind keine Sühnopfer.

Oh du, der du in die großen Mysterien eingeweiht werden willst, wisse also, daß du einen Vertrag mit dem Schmerz schließest, und daß du die Hölle beleidigst.

Der Geier, der Prometheide betrachtet dich, und die von Merkur geführten Furien machen Holzkeile und Nägel bereit. Du wirst geopfert werden, dem Tode geweiht. Die Menschlichkeit braucht deine Folter.

Christus ist jung an einem Kreuze gestorben und alle seine Jünger endeten als Märtyrer. Apollonius von Tyana ist an den Qualen, die er im Gefängnis zu Rom gelitten hat, gestorben. Wilhelm Postel starb als Gefangener. St. Germain und Cagliostro haben ein geheimnisvolles und wahrscheinlich tragisches Ende gefunden. Früh oder spät muß man dem Vertrage Genüge tun, sei es förmlich oder schweigend. Man muß die Strafe zahlen, die jedem, der von der Frucht des Baumes der Erkenntnis nimmt, auferlegt wird. Die Steuer, die von der Natur auf die Wunder gelegt wurde, muß getilgt werden. Es muß ein Endkampf sein mit dem Teufel, wenn man sich untersteht, Gott zu werden.

Eritis sicut dii scientes bonum et malum.

Z W E I T E S   B U C H

*Das hohepriesterliche Mysterium
oder die Kunst, sich durch Geister bedienen
zu lassen.*

I. Kapitel.

Die unstäten Kräfte.

Ein unbestimmtes Gefühl, welches man das Gewissen der Unendlichkeit nennen könnte, bewegt und quält den Menschen. Er fühlt in sich müßige Kräfte, um sich gestaltlose Feinde oder unbekannte Bundesgenossen. Er muß Abgeschmacktes glauben und Unmögliches versuchen, oder er fühlt sich krank und zerbrochen, alles entgleitet ihm, er möchte die Verzweiflung erdrosseln, um eine neue Hoffnung daraus hervorgehen zu lassen. Die Liebe hat betrogen, die Freundschaft im Stich gelassen, die Vernunft genügt ihm nicht mehr. Ein Philosoph würde ihn traurig machen, ein Zauberer ihn entsetzen: schließlich braucht er einen Priester.

Der Priester bändigt das Flügelroß der Einbildung und die Sprünge der Phantasie. Er zieht Kraft aus unserer Schwäche und gestaltet Wirklichkeit aus unseren Hirngespinsten. Er ist der homöopathische Arzt der menschlichen Torheit. Ist er überdies nicht mehr als ein Mensch? Hat er nicht eine gesetzliche Mission, deren Adelstitel vom Kalvarienberg oder dem Sinai stammt? Ich spreche hier vom katholischen Priester, und in der Tat gibt es nur diesen. Die Juden haben Rabbiner, die Muselmänner Imânen, die Indier Brahmanen, die Chinesen Bonzen, die Protestanten Pfarrer. Die Katholiken allein haben Priester; denn sie allein haben Altar und Opfer, das heißt die ganze Religion.

Die hohe Magie ausüben heißt dem katholischen Priestertum Konkurrenz machen und ein ketzerischer Priester sein. Rom ist das große Theben der neuen Weihe. Es hat ehemals die Gebeine seiner Märtyrer ausgraben lassen, um die durch Julius beschworenen Götter zu bekämpfen. Seine Gewölbe sind die Katakomben; seine Rosenkränze und Denkmünzen Talismane, seine Orden magische Ketten, seine Klöster magnetische Herde, seine Beichtstühle Mittelpunkte der Anziehung, seine Kanzeln, Druckereien und die Mandate seiner Bischöfe sind Mittel zur Ausbreitung. Schließlich hat es seinen Papst, der ein Dummkopf sein kann, wie es mehr oder minder alle Fanatiker sind, oder ein Schurke wie Alexander VI. Darum aber wird er nicht weniger die Geister ordnen, die Gewissen richten und im ganzen christlichen Universum den gesetzlichen Ablaß und die Vergebung erteilen. Das ist wahnsinnig, werdet ihr sagen. — Beinah ist es kraft seiner Größe Wahnsinn. Beinah ist es lächerlich, so sehr übersteigt es das Erhabene. Ist jemals eine ähnliche Macht auf Erden erschienen? Und wenn sie nicht bestände, wer würde eine solche Erfindung wagen? Wie ist diese ungeheure Wirkung entstanden? Woher stammt dieses Wunder, das Unmögliches zu verwirklichen scheint? Aus der Konzentration der unstäten Kräfte, aus der Bindung und Führung der unbestimmten Instinkte, aus der vertragsmäßigen Begründung des Absoluten in der Hoffnung und im Glauben.

Ruft es doch jetzt der „Mißgeburt" zu, ihr Philosophen des 18. Jahrhunderts! Sie ist stärker als ihr und wird euch besiegen. Schreit immer zu, man müsse die Schändliche zermalmen! Ihr Jünger Voltaires. Die schändliche Meisterin eines Vinzenz von Paul, eines Fénelon, sie, welche die edlen barmherzigen Schwestern zu sovielen Opfern veranlaßte, die armen und keuschen Missionäre zu großer Aufopferung, die so viele Häuser der Menschenliebe gegründet, soviele Zufluchtsstätten der Reue und Schlupfwinkel der Unschuld. Wenn dies Schändlichkeit ist, und bei euch und euren Verleumdungen und Schmähungen die Ehre wäre, dann umarme ich voll Liebe den Schandpfahl und trete eure Ehre mit Füßen.

Aber das wollt ihr nicht sagen, und ich will euer Verleumder nicht sein. Seele Voltaires, die ich dich so gerne heilige Seele genannt hätte, da du Wahrheit und Gerechtigkeit allem vorzogst, für dich war der gesunde Menschenverstand Gott und die Dummheit der Teufel. Nur hast du in der Grippe von Bethlehem nur den Esel gesehen. Den Triumphzug Jesu in Jerusalem hast du bestaunt, und hast über die Ohren des Esels gelacht. Aber wir wollen ernst sprechen, denn hier handelt es sich um ernste Dinge.

Der Genius des Christentums hat auf die Sarkasmen Voltaires geantwortet oder Chateaubriand hat vielmehr Voltaire vollendet; denn diese beiden großen Menschen stehen gleicherweise außerhalb des Katholizismus der Priester.

Die Eselsohren werden unentbehrlich sein, solange es Esel auf der Welt gibt; und Esel muß es hier geben, denn die Natur, die Tochter Gottes hat sie hervorgebracht.

Jesus Christus hat eine Eselin als Reittier haben wollen, deshalb besteigt der heilige Vater ein Maultier. Selbst sein Pantoffel heißt Mauleselin, vielleicht um zu zeigen, daß ein Papst bis in die Zehenspitzen hinein dickköpfig sein soll. Non possumus, sagte unser heiliger Vater Papst Pius IX., als man ihn um Konzessionen und Reformen bat. Der Papst sagt niemals: „possumus" (wir können); denn das ist das große Geheimnis der Priesterwürde. Alle Priester wissen es wohl aber es ist ganz sicher, so oft sie es nicht sagen.

Die Macht, die sich auf die Mysterien gründet, muß eine wunderbare sein, sonst würde sie nicht bestehen.

Ich glaube dieser Mensch kann etwas, das ich wegen etwas anderem nicht zu bestimmen vermag, das weder er noch ich verstehe. Also muß ich ihm gehorchen, denn ich wüßte nicht, warum ich ihm nicht gehorchen sollte, da ich die Existenz dessen, was ich nicht weiß, nicht leugnen kann; eine Existenz, die er übrigens mit eben soviel Recht versichert. Ich fühle, daß das nicht vernünftig ist, und ich bin froh darüber, weil er mir oft sagt, daß man der Vernunft nicht trauen solle. Ich finde nur, daß es mir gut tut, denn es beruhigt mich, so zu denken.

Fehlgeschlagene oder betrogene Liebe, zurückgedrängter Ehrgeiz, ohnmächtiger Zorn, verbitterter Groll, Stolz, der sich selbst erniedrigt, Trägheit des Geistes, den der Zweifel ermüdet, Begeisterung der Unwissenheit für das Unbekannte, besonders für das Wunderbare, unbestimmte Todesfurcht, Qual des bösen Gewissens, Sehnsucht nach Ruhe, die uns unaufhörlich flieht, düstere und erhabene Träume der Priester, furchtbare Visionen der Ewigkeit: das sind die unstäten Kräfte, welche die Religion sammelt, und aus denen sie die furchtbarste und unbesieglichste aller Leidenschaften formt: die Ergebung.

Diese Leidenschaft ist zügellos, denn nichts kann sie zurückhalten oder begrenzen; sie macht sich keine Ehre aus ihren Auswüchsen und glaubt die Ewigkeit fange mit ihr an, sie absorbiert alle Gefühle und macht den Menschen fühllos gegen alles, was nicht Ergebung ist. Sie treibt den Eifer der Propaganda bis zum mörderischen Despotismus und bis zur unversöhnlichen Raserei. Der hl. Dominik und der hl. Pius V. werden von der ganzen Kirche als solche anerkannt, und können von keinem ergebenen und gläubigen Katholiken geleugnet werden.

Man sieht, zu welch mächtigem Hebel die Frömmigkeit in der Hand einer Autorität werden kann, die sich für unfehlbar erklärt. „Gebt mir einen festen Punkt außerhalb der Welt, und ich will die Welt aus ihren Angeln heben", sagte Archimedes. Die Priester haben diesen festen Punkt außerhalb der persönlichen Vernunft gefunden und haben die Vernunft der Menschheit aus den Angeln gehoben.

„Da wir sehen, daß die Menschen nicht durch Wissenschaft und Vernunft zur Erkenntnis Gottes kommen, hat es uns gefallen, die Gläubigen durch den Widersinn des Glaubens zu retten", so spricht der Fürst der Apostel.

Ihr Gegner der Kirche, was habt ihr darauf zu antworten? Der hl. Paulus spricht freimütig und will niemand getäuscht haben.

Die religiöse Kraft des Dogmas liegt in dieser Dunkelheit, die es als Widersinn erscheinen läßt. Ein erklärtes Dogma ist kein Dogma mehr, es ist ein philosophisches Theorem oder wenigstens ein Postulat. Immer will man Religion mit Philosophie vermischen und versteht nicht, daß sie dazu bestimmt sind, getrennt zu sein; ich sage damit nicht, daß ihr Widerstreit für das Gleichgewicht der Vernunft notwendig ist.

Die Astronomen glauben, die Kometen seien nur in Bezug auf unser Weltsystem unstät, daß sie jedoch eine regelmäßige Bahn verfolgen, indem sie von einem System zum andern wandern und eine Ellipse beschreiben, deren Brennpunkte zwei Sonnen sind.

Ebenso ist es mit den unstäten Kräften der Menschen. Ein einziges Licht genügt nicht; um ihren Schwung auszugleichen, brauchen sie zwei Zentren und zwei Brennpunkte: der eine ist die Vernunft, der andere der Glaube.

II. Kapitel.

Die Gewalt der Priester.

Damit ein Priester mächtig wird, muß er wissen, ob er weiß oder glaubt. Die Versöhnung der Wissenschaft mit dem Glauben eignet dem großen Heiligpriester.

Wenn der Priester weiß, ohne zu glauben, kann er ein guter oder schlechter Mensch sein. Wenn er ein guter Mensch ist, nützt er den Glauben zu Gunsten der Vernunft und Gerechtigkeit aus. Ist er ein schlechter Mensch, dann benützt er den Glauben für seine Leidenschaften, ist aber dann kein Priester mehr sondern der schlimmste der Uebeltäter.

Glaubt er ohne zu wissen, so ist er ein achtungswerter, aber gefährlicher Tor, den die Männer der Wissenschaft beherrschen und überwachen müssen.

Im Christentum ist das Priesteramt und Königtum kein Auftrag. Wir sind alle Priester und Könige, da aber die priesterlichen und königlichen Handlungen die Herrschaft eines einzigen über eine Menge voraussetzen, übergeben wir unsere Gewalt in der irdischen Ordnung dem König, in der geistigen dem Priester.

Der christliche König ist Priester wie wir alle, aber er übt sein Priesteramt nicht aus. Der christliche Priester ist König wie wir alle, aber er übt seine Königsmacht nicht aus.

Der Priester soll den König führen, der König den Priester beschützen.

Der Priester hält die Schlüssel, der König das Schwert.

Der Priester des ursprünglichen Christentums war St. Petrus, der König St. Paulus.

Der König und der Priester erhalten ihre Gewalt vom Volke, das zum König und Priester geweiht worden ist durch die heilige Salbung der Taufe und die Gabe des göttlichen Blutes Jesu Christi.

Die ganze Gemeinschaft ist durch das Gleichgewicht dieser beiden Gewalten sichergestellt. Wenn es morgen keinen Papst mehr gäbe, würde es übermorgen keine Könige mehr geben. Es würde niemand mehr regieren, weder in der irdischen noch in der geistigen Ordnung, denn niemand würde mehr gehorchen; dann würde keine Gemeinschaft mehr sein, und die Menschen werden einander töten.

Der Papst ist der Priester und der Priester ist der Papst; denn einer ist der Stellvertreter des andern. Die Autorität des Papstes stammt von den Priestern, und die der Priester rührt vom Papste her. Darüber gibt es nur Gott. Das ist wenigstens der Glaube der Priester.

Der Priester verfügt über eine göttliche Gewalt bei denen, die ihm vertrauen. Ich würde sogar zu sagen wagen, daß seine Gewalt mehr als göttlich zu sein scheint, denn er befiehlt Gott zu kommen, und Gott kommt. Er tut mehr, er erschafft Gott durch ein Wort! Durch ein Vorrecht seiner Person nimmt er den Männern ihren Stolz und den Frauen ihre Schamhaftigkeit. Er zwingt sie zu kommen, um ihm ihre Schändlichkeiten zu erzählen, für welche die Männer sich schlagen würden, wenn man sich nur den Anschein gäbe sie dessen zu verdächtigen, und wovon die Frauen ebenfalls nur in der Beichte den Namen ausgesprochen hören möchten. Dort sind die kleinen Ehrlosigkeiten, man sagt sie ganz leise, und der Priester verzeiht oder legt eine Strafe auf: ein paar Gebete zu sprechen, eine Buße zu tun, und man geht getröstet hinweg. Ist es zu teuer, wenn man den Frieden des Herzens mit ein wenig Knechtschaft bezahlt!

Da die Religion die Medizin für den Geist ist,

legt sie Zwang auf, wie der Arzt dem Kranken Heilmittel vorschreibt und ihn einer strengen Vorschrift unterwirft. Niemand kann auf vernünftige Weise die Nützlichkeit der Medizin bestreiten, aber deshalb brauchen die Aerzte gesunde Leute nicht zu zwingen, sich zu pflegen und sich zu purgieren. Das wäre ein lächerliches Schauspiel, wenn der Dekan der medizinischen Fakultät ein Rundschreiben ergehen lassen wollte gegen alle, die ohne Rhabarber leben, und wenn er alle, die behaupten mit Nüchternheit und Uebung der Medizin entbehren zu können, aus der Gesellschaft verbannen wollte. Das närrische dieses Auftritts würde tragisch, ohne von seiner enormen Lächerlichkeit einzubüßen, wenn die Regierung durch Unterstützung der Forderungen des Dekans den Ausreißern nur die Wahl ließe zwischen der Spritze Purgons und dem Gewehr Chassepots. Die Freiheit der Lebensführung ist ebenso unantastbar wie die des Gewissens.

Ihr werdet mir dagegen einwenden, daß man nicht erst einen Narren um Rat fragt, ehe man ihm Duschen verschreibt. Zugegeben, aber nehmt euch in Acht, das wird sich gegen euch kehren. Die Narren stehen im Widerspruch mit der gemeinhin giltigen Vernunft. Sie wollen ihre außergewöhnlichen Meinungen und Narrheiten, die sie rasend machen, aufdrängen. Mutet uns nicht zu, den Verteidigern des Syllabus unbedingt mit Sturzbädern zu antworten.

Die Macht der Priester ist moralisch und kann niemand mit Gewalt aufgedrängt werden. Andererseits und wie in einem gerechten Ausgleich vermag die Gewalt nicht zu zerstören. Tötet ihr einen Priester, so macht ihr ihn zum Märtyrer. Ein Märtyrer ist der erste Stein zu einem Altar. Die Folge jedes Altars sind Priesterseminare. Zerstört einen Altar und man wird aus den zerstreuten Steinen zwanzig Altäre bauen, die ihr nicht umstürzen werdet. Die Religion ist nicht von Menschen erdacht worden, sie ist Schicksal, d. h. eine göttliche Fügung. Sie bildet sich aus sich selbst, um die Bedürfnisse der Menschen zu befriedigen, und so hat Gott sie gewollt und erfunden.

Der große Haufe glaubt an sie, weil er sie nicht versteht, und weil sie absurd genug erscheint, um ihn zu unterwerfen und zu gefallen. Und ich selbst glaube daran, weil ich sie verstehe; und ich würde mir absurd vorkommen, wollte ich nicht daran glauben.

„Fürchtet nichts, ich bin es", sagte Jesu als er auf den Wogen des Meeres inmitten des Sturmes ging. — „Herr, wenn du es bist", sagte Petrus, „so heiß mich zu dir kommen auf das Wasser". — „Komm her", antwortete der Heiland, und Petrus ging auf dem Meere. Plötzlich erhob sich ein starker Wind, die Wogen türmten sich und Petrus hatte Angst. Alsbald sank er und Jesus reichte ihm die Hand, ergriff ihn und sagte: „Du Kleingläubiger, warum hast du gezweifelt?"

III. Kapitel.

Die Kette des Teufels.

Das Vergnügen ist ein Feind, der unfehlbar unser Sklave oder Herr werden muß. Man muß kämpfen, um zu besitzen, man muß es besiegt haben, um es zu genießen.

Das Vergnügen ist ein lieblicher Sklave, aber ein grausamer, herzloser und mörderischer Herr. Wen er besitzt, den erschöpft er, verbraucht und tötet ihn, nachdem er seine Wünsche betrogen und alle seine Hoffnungen verraten hat. Die Knechtschaft des Vergnügens heißt Leidenschaft, die Herrschaft darüber kann man Macht nennen.

Die Natur hat das Vergnügen neben die Pflicht gestellt, trennen wir es von der Pflicht, so verdirbt und vergiftet es uns. Halten wir uns an die Pflicht, so wird das Vergnügen sich nicht von ihr trennen, es wird uns folgen und wird unser Lohn sein. Das Vergnügen ist untrennbar vom Guten. Der gute Mensch kann leiden, das ist wahr, aber eine unendliche Lust befreit ihn von seinem Schmerz. Job empfängt auf seinem Misthaufen den Besuch Gottes, welcher ihn tröstet und aufrichtet, während Nabuchodonosor sich auf seinem Thron unter der Faust des Schicksals krümmt, welches ihm seinen Verstand raubt und ihn zum Tier macht. Wenn Jesus am Kreuze sein Leben aushaucht, stößt er einen Siegesruf aus, als ob er seine nahe Auferstehung fühlte, während Tiberius in Capri inmitten seiner verbrecherischen Lust die Todesangst seiner Seele verrät, und dem Senat in einem Brief gesteht, daß er sich jeden Tag sterben fühlt.

Das Böse hat nur durch unsere Laster und die Angst, die es uns einflößt, Gewalt über uns. Der Teufel verfolgt die, welche ihn fürchten und flieht die, welche ihn verachten. Gutes tun und nichts fürchten, darin besteht die Kunst, den Dämon zu fesseln. Aber wir schreiben hier keine Abhandlung über die Moral. Wir enthüllen die Geheimnisse der auf die Heilkunde der Geister angewandten magischen Wissenschaft. Es muß also etwas über das Besessensein und die Teufelskünste gesagt werden.

Wir alle haben in uns das Gefühl eines doppelten Lebens. Die Kämpfe des Geistes gegen das Gewissen, die niederträchtige Begierde gegen das edelmütige Gefühl, in einem Wort das Tier gegen das geistige Wesen, der schwache Wille, der von der Leidenschaft fortgerissen wird, die Vorwürfe, die wir uns machen, die Verachtung vor uns selbst, die Träume, die wir im Wachsein fortführen, das alles scheint uns in uns selbst die Gegenwart zweier Wesen zu enthüllen, die verschiedene Charaktere haben, und von denen das eine uns zum Guten mahnt, während das andere uns zum Bösen verführen will. Von dieser natürlichen Aengstlichkeit, die unserer Doppel-Natur eignet, hat man auf die Existenz zweier Engel geschlossen, die bei jedem von uns sind, von denen der eine gut und der andere böse ist, die immer gegenwärtig sind, einer zu unserer Linken, der andere zu unserer Rechten. Dies ist die schlichte und einfache Symbolik, aber wir haben festgestellt — und das ist ein Geheimnis für die Wissenschaft — daß die Einbildung des Menschen mächtig genug ist nur vorübergehend den Wesen, die sein Wort beschwört, eine wirkliche Gestalt zu geben. Mehr als eine Nonne hat ihren guten Engel gesehen und berührt, mehr als ein Asket hat Leib an Leib gekämpft und hat wirklich mit seinem Dämon gerungen.

In den Visionen, die wir hervorgerufen haben, oder die einer krankhaften Veranlagung entspringen, erscheinen wir uns selbst in Gestalten, die unserer erregten Einbildung eine magnetische Ausstrahlung verleihen. Und manchmal können gewisse Kranke oder Wahnsinnige Kräfte verbreiten, die ihrem Einfluß unterworfene Gegenstände magnetisieren, und zwar so, daß die Gegenstände zu verrücken oder sich selbst zu bewegen scheinen.

Dieses Hervorbringen von Bildern und Kräften gehört nicht in die gewöhnliche Ordnung der Natur und geht immer aus einer krankhaften Veranlagung hervor, die plötzlich durch die Wirkung des Wunders, des Schreckens oder einer schlechten Neigung ansteckend werden kann.

Die Wunder verdoppeln sich, und alles scheint vom Schwindel des Wahnsinns mitgerissen zu sein. Aehnliche Erscheinungen sind offensichtlicher Frevel; sie werden vom Magnetismus des Bösen hervorgerufen, und die Menge hat Recht, wenn sie der von uns gegebenen Definition beistimmt, daß sie dem Teufel zuzuschreiben sind.

So sind die Verzückungswunder des hl. Medardus entstanden, die Wunder der Zitterer in den Cevennen, und viele andere. So entstehen die Absonderlichkeiten des Spiritismus. Im Mittelpunkt aller dieser Kreise, an der Spitze aller Strömungen waren Erregte oder Kranke. Durch die Tätigkeit des Stromes und den Zwang des Kreises können die Kranken unheilbar und die Erregten wahnsinnig werden.

Wenn die visionäre Erregung und die magnetische Störung chronischer Zustand eines Kranken sind, dann ist er erfüllt oder besessen, je nach dem Grad seines Uebels.

In diesem Zustand ist die Person von einer Art ansteckendem Somnambulismus befallen; sie träumt im Wachen, glaubt und vollführt bis zu einem gewissen Grade Absonderliches, blendet die Augen, betrügt die Sinne der eindrucksfähigen Menschen, die sie umgeben. Dann triumphiert der Aberglaube und das Tun des Teufels wird sichtbar. Es ist tatsächlich offensichtlich, aber der Teufel ist nicht das, was man glaubt. Man könnte die Magie als die Wissenschaft vom universalen Magnetismus definieren; dann aber hielte man die Wirkung für die Ursache. Die Ursache ist, wie wir schon gesagt haben, das ursprüngliche Licht des Od, Ob und Aour der Hebräer. Aber wir wollen auf den Magnetismus zurückkommen, dessen große Geheimnisse noch nicht bekannt sind, und dessen zukünftige Theorien wir enthüllen wollen:

I.

Alle in einer Gestalt lebenden Wesen sind um einen Pol geordnet um das Universalleben einund auszuatmen.

II.

Die magnetischen Kräfte in den drei Reichen sind geschaffen, um sich durch die Macht der Gegensätze auszugleichen.

III.

Die Elektrizität ist nur eine besondere Wärme, welche den Kreislauf des Magnetismus hervorruft.

IV.

Die Medikamente heilen die Krankheiten nicht durch die Wirkung, die ihrer Substanz eigen ist, sondern durch ihre magnetischen Eigenschaften.

V.

Jede Pflanze ist einem Tier sympathisch und dem entgegengesetzten Tier antipathisch. Jedes Tier ist einem Menschen sympathisch und einem andern antipathisch. Die Gegenwart eines Tieres kann die Merkmale einer Krankheit ändern. Mehr als eine alte Jungfer würde verrückt, wenn sie nicht eine Katze hätte, und sie wird beinahe vernünftig, wenn sie den Besitz einer Katze mit dem eines Hundes vereinigen kann.

VI.

Es gibt keine Pflanze, kein Insekt, keinen Stein, der nicht eine magnetische Eigenschaft birgt und entweder einen guten oder schlechten Einfluß auf den menschlichen Willen ausüben kann.

VII.

Der Mensch hat die natürliche Kraft solche, die ihm gleichen, durch Willen, Wort, Blick und Zeichen zu beruhigen. Um die Macht auszuüben, muß man sie kennen und daran glauben.

VIII.

Jeder Wille, der nicht durch ein Zeichen festgelegt wird, ist ein müßiger Wille. Es gibt unmittelbare und mittelbare Zeichen. Das unmittelbare hat mehr Kraft, weil es rationeller ist; das mittelbare ist jedoch immer ein Zeichen oder eine Tat, die der Idee entspricht, und als solche kann es den Willen verwirklichen. Aber das mittelbare Zeichen ist nur dann wirksam, wenn das unmittelbare unmöglich ist.

IX.

Jeder Entschluß zur Tat ist eine magnetische Projektion, jede Einwilligung in eine Tat ist eine magnetische Anziehung, jede genehmigte Tat, in die man einwilligt, verpflichtet. Jede Verpflichtung ist zuerst eine freie, dann eine schicksalhafte Bindung.

X.

Um auf andere wirken zu können, ohne sich selbst zu binden, muß man vollkommen unabhängig sein, was allein Gott zukommt. Kann der Mensch Gott sein? — Ja, indem er mithandelt.

XI.

Eine große Macht ausüben, ohne völlig unabhängig zu sein, heißt sich den großen Zufällen des Schicksals ausliefern. Deshalb kann ein Zauberer kaum bereuen und ist notwendigerweise verdammt.

XII.

Die Macht des Magiers ist dieselbe wie die des Zauberers; nur hält sich der Magier am Baume fest, wenn er den Zweig absägt, und der Zauberer am Zweig selbst, den er absägen will.

XIII.

Ueber außerordentliche Kräfte der Natur verfügen, heißt sich außerhalb des Gesetzes stellen. Folglich unterwirft man sich dem Martyrium, wenn man gerecht ist, und ist man es nicht, einer Todesstrafe des Gesetzes.

XIV.

„Wodurch der König Gott verbietet, Wunder zu tun an diesem Ort" ist eine nur der Form nach paradoxe Formel. Die Polizeigewalt an diesem oder jenem Ort gehört dem König, und solange der König König ist, kann Gott diese Polizeigewalt nicht übertreten. Gott kann die schlechten Päpste und Könige über den Haufen werfen, aber er kann sich nicht gegen die herrschenden Gesetze stellen. Jedes Wunder also, das gegen die geistliche und gesetzliche Autorität des Papstes, oder gegen die irdische und gesetzliche Autorität des Königs gerichtet ist, kommt nicht von Gott, sondern vom Teufel.

In der Welt ist Gott die Ordnung und die Autorität, der Teufel die Unordnung und die Anarchie. Warum ist es nicht nur erlaubt, sondern ruhmvoll einem Tyrannen Widerstand zu leisten? Weil der Tyrann ein Anarchist ist, der sich die Macht widerrechtlich angeeignet hat. Wollt ihr also siegreich gegen das Böse kämpfen, seid die Verkörperung des Guten. Wollt ihr die Anarchie bekämpfen, seid der Arm der Autorität. Wollt ihr Satanas fesseln, seid Gottes Macht.

Nun aber tritt die Macht Gottes durch zwei Kräfte in die Erscheinung: durch den gemeinschaftlichen Glauben und die unbestreitbare Vernunft.

Es gibt also zwei Arten von unfehlbarer Teufelsbeschwörung, nämlich die der Vernunft und die des Glaubens. Der Glaube befiehlt den Phantomen, deren König er ist, weil er ihr Vater ist, und sie entfernen sich für eine Zeitlang. Die Vernunft kommt über sie im Namen der Wissenschaft, und sie verschwinden für immer.

IV. Kapitel.

Das Uebernatürliche und das Göttliche.

Die große Menge nennt das übernatürlich, was ihr gegen die Natur erscheint.

Der Kampf gegen die Natur ist der unsinnige Traum des Asketen, als ob die Natur nicht selbst das Gesetz Gottes wäre.

Sie haben die natürlichen Reize der Natur böse Lust genannt. Sie haben gegen Schlaf, Hunger, Durst, Liebessehnsucht gekämpft. Sie haben nicht nur für den Sieg der höheren Lokkungen gestritten, sondern auch in der Meinung, daß die Natur verdorben sei und ihre Befriedigung ein Uebel bedeute. Daraus sind sonderbare Irrungen entstanden. Die Schlaflosigkeit hat Fieberwahn erzeugt, das Fasten die Hirne hohl gemacht und mit Phantomen erfüllt, das erzwungene Zölibat hat ungeheuerliche Zuchtlosigkeit hervorgerufen.

Ausschweifungen und Perversitäten haben die Klöster verwüstet. Priapismus und Hysterie haben schon dieses Leben der berufslosen Mönche und der dünkelhaften Nonnen zur Hölle gemacht.

Der hl. Antonius und die hl. Therese haben gegen die schlüpfrigen Vorstellungen angekämpft; und doch haben sie in ihrer Einbildung an Orgien teilgenommen, von denen das alte Babylon nicht die geringste Idee gehabt hätte.

Maria Alacoque und Messalina haben aber die gleichen Qualen erduldet: die Qual von Wünschen, die über die Natur hinausgehen, und die zu befriedigen unmöglich ist.

Es war jedoch ein Unterschied zwischen ihnen. Hätte Messalina eine Marie Alacoque vorhergesehen, sie wäre darüber eifersüchtig geworden.

Welcher Traum wäre es für Messalina gewesen, alle Menschen in einem zu kosten, wie Kaligula in seiner Blutdürstigkeit zu tun gewünscht hätte, und zu sehen, wie dieser Mensch seine Brust aufreißt um ihr sein über und über blutendes und vor Anbetung brennendes Herz zu schenken, das Herz, das sie anzubeten brannte, als Trost dafür, daß ihre unersättliche Liebe nie gestillt worden war!

Die Liebe, dieser Triumph der Natur kann ihr nicht entrissen werden, ohne daß sie zornig wird. Glaubt der Mensch, übernatürlich zu werden, so wird er widernatürlich und die ungeheuerlichste aller Gottheiten ist die, welche in irgendeiner Weise den Gedanken Gottes schändet und entweiht. Ixion überwältigt Juno. Da er seine männliche Kraft auf einer verräterischen Wolke erschöpft, war in der symbolischen Philosophie der Alten das Bild dieser exotischen Leidenschaft, wie sie in der Hölle bestraft wird, so dargestellt, daß er durch die Fesseln der Schlange auf ein sich in ewigem Wirbel drehendes Rad angekettet war.

Die erotische Leidenschaft, die von ihrem ursprünglichen Gegenstand abgelenkt und bis zu dem wahnwitzigen Wunsch erregt wird, eine Art Gewalttat gegen die Unendlichkeit zu tun, ist die rasendste aller seelischen Verirrungen, und wie der Wahnsinn des Marquis de Sade schreit sie nach Folterqualen und Blut. Dann wird das junge Mädchen sich den Schoß mit eisernen Zangen zerreißen, der durch Wachen und Fasten erschöpfte und irregeleitete Mann möchte sich vollkommen den verderbten Genüssen einer Geißelung voll seltsamer Empfindungen überlassen, bis kraft seiner Müdigkeit, Stunden eines Schlafes voll entnervender Träume kommen.

Aus diesen Auswüchsen werden Krankheiten hervorgehen, welche die Verzweiflung der Wissenschaft sein werden. Alle Sinne werden ihren natürlichen Gebrauch verlieren, um ihre Hilfe verlogensten Gefühlen zu leihen. Anzeichen schlimmer, viel schlimmer als die der Syphilis werden in Hände, Füße und um den Kopf Wunden schlagen, bald hier, bald dort, und furchtbarer Schmerz wird entstehen. Bald wird das Opfer nicht mehr sehen, nicht hören, keine Nahrung mehr zu sich nehmen und in tiefer Verdummung verharren, die es nur im Sterben verläßt, wenn nicht ein entsetzlicher Rückschlag eintritt und in Auswüchsen der Hysterie oder des Priapismus in Erscheinung tritt, die an die unmittelbare Tat des Teufels glauben lassen.

Dann wehe den Urbain, Grandier und Gaufridi! Die Raserei der Bacchantinnen, die Orpheus in Stücke rissen, werden nur unschuldige Spiele sein, verglichen mit der Wut der frommen, der Liebeswut ausgelieferten Tauben des Herrn.

Wer kann uns diese unerhörten Romane aus der Zelle eines Karthäusermönches oder vom Peinsamen-Bett, auf dem die abgeschlossene Nonne zu schlafen scheint, erzählen?

Die Eifersucht des göttlichen Gemahls, seine Nachlässigkeiten, die toll machen, seine Liebkosungen, die nach Liebe dürsten machen! Die Widerstände des sternengekrönten Unterliegenden! Die stolze Verachtung der Jungfrau Maria, die Königin der Engel, die Nachgiebigkeit von Jesus Christus!

Die Lippen, die einmal von dieser verhängnisvollen Schale getrunken haben, bleiben immer durstend und zitternd. Die Herzen, die einmal in diesem Fieberwahn erglüht sind, finden alle wirklichen Liebesquellen trocken und fade. Was ist denn ein Mann für eine Frau, die sich einen Gott erträumt hat? Was ist die Frau für einen

Mann, dessen Herz für die ewige Schönheit schlug? Ach, ihr armen Wahnsinnigen, es ist nichts für euch und doch alles; denn es ist Wirklichkeit, Vernunft, Leben.

Eure Träume sind nur Träume, eure Phantome nur Phantome. Gott, das lebendige Gesetz, Gott, die erhabene Weisheit, ist weder der Mitschuldige eurer Torheiten noch der Gegenstand eurer verzweifelten Leidenschaften; ein Haar, das aus dem Bart eines Mannes fällt, ein einziges Haar, das von einer Frau verloren wird, ist besser und bejahender als eure verzehrenden Hirngespinste. Liebt euch untereinander und gebt Gott die Ehre!

Die wirkliche Anbetung Gottes ist nicht Vernichtung des Menschen in Verblendung und Wahn, im Gegenteil, es ist friedliche Erhebung in das Licht der Vernunft. Wahre Gottesliebe ist nicht der Spuk des hl. Antonius; sie ist im Gegenteil der tiefe Friede und die Ruhe, die aus der vollkommenen Ordnung hervorgeht. Alles, was der Mensch in seinem eigenen Leben für übernatürlich hält, ist widernatürlich, und alles, was widernatürlich ist, beleidigt Gott. Seht, das ist es, was ein wirklicher Weiser wissen muß.

Nichts ist übernatürlich, selbst Gott nicht, denn die Natur verkörpert ihn. Die Natur ist sein Gesetz, sein Gedanke; die Natur ist er selbst. Wenn er die Natur Lügen strafen könnte, würde er sein eigenes Dasein zu vernichten trachten. Fiele das angeblich göttliche Wunder aus der ewigen Ordnung, so wäre dies Selbstvernichtung Gottes.

Ein Mensch kann natürlich andere heilen, da Jesus, die Heiligen und Magnetiseure es taten und täglich noch tun. Ein Mensch kann sich über die Erde erheben und auf dem Wasser gehen etc.; er kann alles, was Jesus gekonnt hat, und er selbst ist es gewesen, der gesagt hat:

„Wer glaubt, wird tun, was ich tue und noch Größeres".

Jesus hat Tote auferweckt, aber er hat nie Seelen beschworen. Einen Menschen auferwekken, heißt ihn von der Lethargie heilen, die gewöhnlich dem Tode vorausgeht. Sie nach dem Tode beschwören, heißt dem Leben eine rückwärtsschreitende Bewegung geben, heißt der Natur Gewalt antun, und das konnte Jesus nicht.

Das göttliche Wunder ist die Natur, die der Vernunft gehorcht; das infernalische Wunder ist die Natur, die sich zu verwirren scheint, um der Torheit zu gehorchen. Das wahre Wunder des menschlichen Lebens ist gesunder Menschenverstand, ist duldsame und ruhige Vernunft, ist Weisheit, die ohne Gefahr glauben kann, weil sie ohne Bitternis und Zorn zweifeln kann, ist der gute, beharrliche Wille, der sucht, forscht und wartet. Rabelais feiert den Wein, trinkt oft Wasser, erfüllt alle Pflichten eines guten Pfarrers und schreibt seinen Pantagruel.

Alles, was man für Gott hält, ist nicht Gott, alles, was man für den Teufel hält, ist nicht der Teufel.

Alles, was göttlich ist, entgeht dem Urteil des Menschen, besonders dem Urteil des Alltagsmenschen. Schönheit ist immer einfach, Wahrheit scheint immer selbstverständlich, und der Gerechte geht unbemerkt vorüber, weil er niemand anstößig ist. Die Ordnung wird niemals bemerkt; die Unordnung zieht die Aufmerksamkeit auf sich, weil sie hinderlich und laut ist. Die Kinder haben größtenteils keinen Sinn für die Harmonie, sie ziehen das Durcheinander und den Lärm vor; es ist wie im Leben, in welchem viele Leute das Drama und den Roman suchen. Sie verachten die Sonne und träumen vom Schein des Blitzes, sie stellen sich die Tugend nur mit dem Giftbecher vor und glauben, Cato habe frei gelebt; aber wenn sie wahrhaft weise gewesen wären, hätte die Welt sie dann gekannt?

St. Martin glaubte es nicht, er, der dem in die wahre Weisheit Eingeweihten den Namen eines „unbekannten Philosophen" gab. Schweigen ist eines der großen Gesetze des Okkultismus. Nun, schweigen heißt auch sich verbergen. Gott ist die Allmacht, die sich verborgen hält, und Satanas ist die eitle Ohnmacht, die sich immer zeigen will.

V. Kapitel.

Heilige und verfluchte Riten.

Es wird in der Bibel erzählt, daß zwei Priester, die gewöhnliches Feuer in ihre Weihrauchgefäße getan hatten, vor dem Altar durch die neidische Flamme des heiligen Feuers verzehrt wurden. Diese Geschichte ist eine drohende Allegorie.

Die Riten sind in der Tat weder gleichgültig noch willkürlich. Die durch die legitime Autorität geweihten Bräuche sind wirksam, die gewöhnlichen bringen immer eine Wirkung hervor, die das Gegenteil von dem ist, was der kühne Unternehmer sich vornimmt.

Die Riten der alten, vom Christentum überholten und verworfenen Religionen, sind weltliche und verfluchte Riten für jeden, der nicht ernstlich an die Wahrheit dieser heutzutage verworfenen Religion glaubt.

Weder das Judentum noch ein anderer großer Kult des Orients hat sein letztes Wort gesprochen. Sie sind verdammt, aber noch nicht gerichtet, und bis zur Urteilsfällung kann ihr widerrechtlicher Gebrauch als berechtigt betrachtet werden.

Die Riten, die durch den Gang der religiösen Fortschritte zurückbleiben, werden dadurch verweltlicht und in gewisser Weise verdammt. Später wird man die noch unbekannte Erhabenheit des jüdischen Dogmas verstehen, aber die christliche Welt wird darum doch nicht zur Beschneidung zurückkehren.

Das Schisma von Samaria war eine Rückkehr zur Symbolik Aegyptens, daher ist nichts davon zurückgeblieben und die zehn Stämme sind verschwunden, mit den Nationen vermischt und für immer von ihnen aufgesogen.

Die schon von Moses verdammten Riten der hebräischen Zauberbücher gehören zum Kult der Patriarchen, die auf Bergen ihre Opfer darbrachten, indem sie Erscheinungen beschworen. Es ist ein Verbrechen wieder mit dem Opfer Abrahams anfangen zu wollen.

Die katholischen und orthodoxen Christen haben allein ein Dogma aufgestellt; die Ketzer und Sektierer konnten nur leugnen, unterdrükken und zerstören. Sie führen uns zu einem unbestimmten Deismus zurück und zur Verneinung jeder entdeckten Religion; das stößt Gott in eine so tiefe Finsternis zurück, daß die Menschen kaum mehr Interesse daran haben, zu wissen, ob er wirklich existiert.

Wenn man außerhalb der positiven Bejahung der Meister Moses und Jesus Christus an die Göttlichkeit rührt, ist alles nur Zweifel, Hypothese und Phantasie.

Für die alten Völker, welche die Juden haßten, und die von den Juden verabscheut wurden, war Gott nichts anderes als der Genius der Natur, anmutig wie der Frühling, schrecklich wie der Sturm, und die tausend Abarten dieses Proteus hatten die verschiedenen Tempel der Welt mit einer großen Schar von Göttern bevölkert.

Ueber allem aber herrschte das Geschick, das heißt das Schicksal. Die Götter der alten Welt waren nur Naturkräfte. Die Natur selbst war der große Tempel. Die verhängnisvollen Folgen eines ähnlichen Dogmas mußten der Materialismus und die Versklavung sein.

Der Gott von Moses und von Jesus Christus ist derselbe. Er ist Geist; er ist ewig, unabhängig, unveränderlich und unendlich; er kann alles, er hat alles geschaffen und regiert alles. Er hat den Menschen nach seinem Bilde und sich ähnlich geschaffen. Er ist unser alleiniger Vater und Herr.

Die Folgen dieses Dogmas sind Geistigkeit und Freiheit.

Von diesem Gegensatz der Ideen hat man sehr zur Unzeit auf einen solchen der Dinge geschlossen. Man hat den Tempel zu einem Feinde Gottes gemacht, als ob der Tempel tatsächlich sogar im Reiche Gottes bestände. Man hat aus der Natur eine aufrührerische Macht gemacht; man hat die Liebe Satanas genannt; man hat dem Stoff einen Geist gegeben, den er durchaus nicht haben kann, und durch das verhängnisvolle Gesetz des Gleichgewichts hat sich daraus ergeben, daß man die religiösen Dogmen verstofflicht hat. Aus diesem Konflikt ist ein Widersinn oder vielleicht ein unendliches Mißverständnis hervorgegangen: man hat nämlich die Freiheit des Menschen im Namen des Verhängnisses, das ihn fesselt, gefordert und eine Unterjochung im Namen Gottes, der allein ihn befreien will und kann. Die Folge und die Unmöglichkeit dieses Urteils ist ein unglaubliches Mißbehagen und eine Art moralischer Paralyse, denn man sieht überall Klippen.

Die toten Religionen werden wieder lebendig, und wie Jesus Christus gesagt hat, füllt man neuen Wein nicht in alte Schläuche. Wenn die Riten unwirksam werden, verschwindet das Priestertum. Aber durch alle religiösen Wandlungen hindurch haben sich die geheimen Bräuche der universalen Religion erhalten, und das große Geheimnis der Freimaurer liegt in der Vernunft und im Wert dieser Riten.

Die Symbole des Freimaurers stellen in ihrer Gesamtheit tatsächlich eine religiöse Synthese dar, die dem römisch-katholischen Priestertum noch fehlt. Der Graf Josef de Maistre fühlte es instinktiv; und in seinem Entsetzen, die Welt ohne Religion zu sehen, strebte er zu einer nahen Vereinigung von Wissenschaft und Glauben und wandte seine Augen unwillkürlich nach den halbgeöffneten Türen des Okkultismus.

Jetzt gibt es keinen Freimaurer-Okkultismus mehr und die Tore zur Weihe stehen weit auf, alles ist bekannt, veröffentlicht worden. Der „Tuileur“ und die Freimaurer-Rituale werden jedem verkauft, der sie kaufen will. „Der Große Orient“ hat keine Geheimnisse mehr, oder wenigstens hat er für die Laien nicht mehr wie für die Eingeweihten, dennoch beunruhigen die Freimaurer-Riten den Hof Roms, weil er dort eine Macht fühlt, die ihm entgeht.

Diese Macht ist die Freiheit des menschlichen Gewissens, ist die von jedem Kultus unabhängige Hauptmoral. Es ist das Recht, niemals verflucht oder dem ewigen Tode geweiht zu werden, weil man auf das Amt des Priesters verzichtet; ein Amt, das nur denen nötig ist, die ein Bedürfnis danach haben, das für alle ehrfurchtgebietend ist, wenn es sich anbietet, ohne sich aufzudrängen, jedoch grauenhaft wird, wenn man es mißbraucht.

Durch den Fluch gibt die Kirche ihren Feinden Macht. Die ungerechte Exkommunikation ist eine Art Weihe. Jaques de Molay war auf seinem Scheiterhaufen der Richter des Papstes und der Kirche. Savonarola, der von Alexander VI. verbrannt wurde, wurde dann der hochwürdige Stellvertreter und Repräsentant von Jesus Christus, und als man dem angeblichen Jansenisten, dem Hilfsprediger Paris die Sakramente verweigerte, tat er Wunder.

In der Magie können zwei Arten von Riten wirksam sein: die geheiligten und die verfluchten Riten, denn der Fluch ist eine negative Heiligung. Die Teufelsbeschwörung verursacht Besessenheit und unfehlbar schafft die Kirche in irgend einer Art den Teufel, wenn sie es unternimmt, ihn zu verjagen.

Die römisch-katholische Kirche stellt ganz genau das Bild Gottes wieder her, so wie es die Verfasser des Siphra Dzeniuta, vom Rabbi Schimeon und seinen Jüngern erklärt, mit soviel Genie gezeichnet haben. Es hat zwei Gesichter, ein Gesicht des Lichtes und eines des Schattens, und aus der Analogie der Gegensätze geht seine Harmonie hervor. Das Gesicht des Lichtes ist das süße, lächelnde Antlitz der Maria. Das Gesicht des Schattens ist die Grimasse des Dämons. Ich wage es, freimütig dem Dämon zu sagen, was ich über seine Grimasse denke, und ich glaube dadurch meine Mutter, die Kirche nicht zu beleidigen. Wenn sie indessen meine Verwegenheit verdammt, wenn der Entscheid eines zukünftigen Konzils behauptet, daß der Teufel in Person existiert, dann werde ich mich kraft meiner Grundsätze unterwerfen. Ich habe gesagt, das Wort schafft, was es behauptet; wohlan, die Kirche verfügt über die Autorität des Wortes; wenn sie nicht nur die wirkliche sondern auch die persönliche Existenz des Teufels behauptet haben wird, so wird der Teufel persönlich bestehen, die römische Kirche wird ihn erschaffen haben.

Die wundertätigen Madonnen haben alle ein schwarzes Gesicht, weil die Menge gerne die Religion von ihrer finstern Seite aus betrachtet. Es ist mit den Dogmen ebenso wie mit den grell beleuchteten Gemälden: wenn ihr den Schatten mildert, schwächt ihr das Licht.

Die Hierarchie des Lichtes muß an Stelle der Hierarchie des irdischen Einflusses in der Kirche wieder hergestellt werden. Dem Klerus soll die Wissenschaft zurückgegeben werden, damit das vertiefte Studium der Natur die Auslegung lenke und wieder aufrichte. Die Priester sollen reife, im Lebenskampf erprobte Menschen sein! Die Bischöfe sollen den Priestern an Weisheit und Tugend überlegen sein. Der Papst sei der gelehrteste und weiseste Bischof; die Priester sollen vom Volk gewählt werden, die Bischöfe von den Priestern und der Papst von den Bischöfen.

Es soll für das Priestertum eine abgestufte, schrittweise Weihe geben. Die okkulten Wissenschaften sollen von den Anwärtern des heiligen Amtes studiert werden, und vor allem jene große jüdische Kabbala, die der Schlüssel zu aller Symbolik ist. Dann erst wird die wahre universale Religion entdeckt worden sein, und die Rechtgläubigkeit aller Zeitalter und Völker wird den absurden und gehässigen Katholizismus, den Feind des Fortschritts und der Freiheit ersetzen, der noch in der Welt gegen die Wahrheit und Gerechtigkeit kämpft, dessen Herrschaft aber für immer vorüber ist.

In der gegenwärtigen Kirche ist wie im Judentum zur Zeit Jesu-Christi das Unkraut mit den guten Körnern vermischt, und aus Furcht den Weizen auszureißen, wagt man nicht das Unkraut zu berühren. Die Kirche sühnt ihre eigenen Flüche. Sie wird verflucht, weil sie verflucht hat. Das Schwert, das sie gezogen hat, hat sich gegen sie gewandt, wie es der Herr vorhergesagt hat.

Die Verwünschungen gehören der Hölle und die Bannflüche sind Handlungen von seiner Päpstlichkeit dem Teufel. Man muß sie ins Zauberbuch des Honorius zurückweisen. Die wahre Kirche Gottes betet für die Sünder und hütet sich, sie zu verfluchen.

Man tadelt die Väter, die ihre Kinder verfluchen, aber noch nie hat man zugegeben, daß eine Mutter die ihren verworfen habe. Die Riten der Exkommunikation, die zur Zeit der Barbaren in Brauch waren, waren Zaubergesten und schwarze Magie; das beweist, daß man die heiligen Dinge verschleierte und alle Lichter auslöschte, als ob man die Finsternis ehren wolle. Dann reizte man das Volk zum Aufruhr gegen seine Könige, man predigte Haß und Vernichtung, man tat die Königreiche in den Bann, und man verstärkte mit allen nur möglichen Mitteln den magnetischen Strom des Bösen. Dieser Strom ist ein Strudel geworden, der den Stuhl Petri ins Wanken bringt, die Kirche aber wird durch Milde und Vergebung siegen. Ein Tag wird kommen, an dem die letzten Bannflüche eines ökumenischen Konzils folgende sein werden: Verflucht sei der Fluch, Bann dem Bannfluch, alle Menschen seien gesegnet! Dann wird man nicht mehr auf einer Seite die Menschheit und auf der andern die Kirche sehen. Denn die Kirche wird die Menschheit in ihre Arme nehmen, und wer zu eben dieser Menschheit gehört, wird nicht außerhalb der Kirche sein können. Die ketzerischen Dogmen werden nur noch als Unwissenheit angesehen werden. Die Nächstenliebe wird eine sanfte Gewalt auf den Haß ausüben, und wir werden durch das Gefühl aufrichtiger Brüderlichkeit selbst mit denen vereinigt bleiben, die sich von uns trennen möchten. Dann wird die Religion die Welt besiegt haben, und die Juden, unsere Väter und Brüder, werden mit uns die geistige Herrschaft des Messias begrüßen. So wird in der jetzt so trostlosen, so unglücklichen Welt die Wiederkunft des Heilands sein, die Erscheinung der großen Weltkirche und der Sieg des Messiasglaubens, unsere Hoffnung und unser Glaube! . . .

VI. Kapitel.

Vom Wahrsagen.

Man kann auf zwei Arten wahrsagen: durch Scharfblick und durch das zweite Gesicht.

Der Scharfblick ist genaue Beobachtung der Tatsachen mit richtiger Schlußfolgerung auf Ursache und Wirkung.

Das zweite Gesicht ist eine besondere Intuition, ähnlich der des erleuchteten Somnambulen, der im universalen Licht Vergangenheit, Gegenwart und Zukunft zu lesen vermag. Edgar Poe, ein durch Wahn lichter Somnambule schildert in einer seiner Erzählungen einen August Dupin, welcher Gedanken lesen konnte und die Geheimnisse der verwirrtesten Verhältnisse durch ein ganz besonderes System der Beobachtung und Schlußfolgerung entdeckte. Es wäre zu wünschen, daß die Kandidaten der Rechtsprechung gut in dem System des August Dupin unterrichtet wären. Oft würden unbedeutende, vernachlässigte Merkmale zur Entscheidung der Wahrheit führen, wenn man sie beachtete. Diese Wahrheit würde bisweilen seltsam, unerwartet und unwahrscheinlich sein wie in Edgar Poes Erzählung: „Doppelmord in der Morgue Straße."

Wir wollen unsere Hypothese klar darlegen, ohne unsere Pflichten zu verletzen, die uns die Achtung vor dem Urteil auferlegt.

Man weiß, wie Salomo zwischen zwei Müttern, die um das gleiche Kind stritten, unfehlbar zu entscheiden wußte, welches die wahre Mutter war.

Die Beobachtung der Physiognomie, des Ganges und der Gewohnheiten führt also sicher zur Erforschung der geheimen Gedanken und des Charakters der Menschen. Aus der Form des Kopfes und der Hand kann man wertvolle

Schlüsse ziehen; aber man muß immer den freien Willen des Menschen in Betracht ziehen und die Anstrengungen, die er mit Erfolg machen kann, um die schlimmen Neigungen seiner Natur zu verbessern.

Man muß auch wissen, daß eine gute Veranlagung verderben kann, und daß oft die Besten die Schlimmsten werden, wenn sie freiwillig entartet und verdorben sind. Die Wissenschaft von den großen und unfehlbaren Gesetzen des Gleichgewichts kann uns auch helfen, das Geschick der Menschen vorauszusagen. Ein nichtiger oder mittelmäßiger Mensch kann alles erlangen und wird niemals etwas sein. Ein leidenschaftlicher Mensch, der sich dem Uebermaß in die Arme wirft, wird durch dieses Uebermaß selbst umkommen; er wird verhängnisvoll in das andere Extrem fallen. Das Christentum der Säulenheiligen und Wüstenväter mußte nach den Schwelgereien von Tiberius und Heliogabal zu Tage treten. Zur Zeit des Jansenismus ist dasselbe furchtbare Christentum eine Torheit, welche die Natur verhöhnt und sie bereitet die Orgien der Regentschaft und des Direktoriums vor. Die Auswüchse der Freiheit von 1793 haben den Despotismus herbeigerufen. Die Uebertreibung einer Kraft wendet sich immer zum Vorteil der entgegengesetzten.

So werden in der Philosophie und in der Religion die übertriebenen Wahrheiten die gefährlichsten Lügen. Als Jesus-Christus zum Beispiel zu seinen Aposteln gesagt hat: „Wer euch hört, hört mich, und wer mich hört, hört den, der mich sendet“, errichtete er die Zucht der Hierarchie und die Einheit der Lehre, und er gab dieser göttlichen, weil natürlichen Methode eine Unfehlbarkeit in Bezug auf das, was er gelehrt hat; aber er gab keinem kirchlichen Tribunal das Recht die Entdeckungen Galileis zu verwerfen,

Die Uebertreibung des dogmatischen und disziplinarischen Unfehlbarkeitsprinzips hat die unendliche Katastrophe verursacht, daß die Kirche die Wahrheit auf frischer Tat verfolgen ließ. Ein Paradoxon entspricht dem andern. Die Kirche schien die Rechte der Vernunft zu verkennen, aber jene des Glaubens wurden verkannt. Der menschliche Geist ist lahm und geht mit Hilfe zweier Krücken: der Wissenschaft und der Religion. Die falsche Philosophie nimmt ihm die Religion, und der Fanatismus entreißt ihm die Wissenschaft. Was kann er tun? Schwerfällig stürzen und sich wie ein Krüppel von den Gotteslästerungen Proudhons und den Ungeheuerlichkeiten des Syllabus schleppen lassen.

Das Wüten des Unglaubens kann sich nicht mit der Raserei des Fanatismus an Kraft messen, denn es ist lächerlich. Der Fanatismus ist eine übermäßige Bejahung und der Unglauben eine ebenso übermäßige, aber sehr lächerliche Verneinung. Was ist denn in der Tat die Uebertreibung des Nichts? Viel weniger als nichts! Es ist kaum der Mühe wert dafür eine Lanze zu brechen.

Finden wir so einerseits Ohnmacht und Mutlosigkeit und andererseits Beharrlichkeit und Eingriffe, dann kommen wir wieder unter den schweren Druck des blinden Glaubens und der Interessen, die ihn ausnützen. Die totgeglaubte, alte Welt richtet sich wieder vor uns auf, und die Revolution beginnt von neuem.

Das alles konnte und wurde im Gesetz vom Gleichgewicht geschrieben, das alles ist vorausgesagt worden, und man kann leicht voraussagen, was danach kommen wird.

Der revolutionäre Geist bewegt und quält eben die Nationen, die durchaus katholisch geblieben sind: Italien, Spanien und Irland, und die katholische Reaktion im Sinne von Uebertreibung und Despotismus schwebt über den von Revolutionen erschöpften Nationen. Unterdessen wächst das protestantische Deutschland und gibt der Gewissensfreiheit und Unabhängigkeit der Gedanken eine furchtbare Weltlichkeit.

Frankreich stellt das Schwert Voltaires in den Dienst der klerikalen Reaktion und begünstigt so die Entwicklung des Materialismus. Religion wird Politik und Industrie, die auserwählten Seelen lösen sich los und nehmen ihre Zuflucht zur Wissenschaft. Durch die Aushöhlung und Zerpflückung des Stoffes aber wird die Wissenschaft schließlich Gott finden und die Religion zu sich zwingen. Die theologischen Grobheiten des Mittelalters werden derart unmöglich, daß man sich lächerlich machen würde, wenn man sie nur bekämpfte. Der Buchstabe wird dem Geist Platz machen, und die große universale Religion wird zum ersten mal der Welt bekannt werden.

Es heißt nicht, die Zukunft wahrsagen, wenn man diese große Bewegung voraussagt, denn sie hat schon angefangen, und die Wirkungen werden schon offenbar in den Ursachen. Täglich erhellen neue Entdeckungen die dunklen Worte der Genesis und geben den alten Vätern der Kabbala recht. Camille Flammarion hat uns Gott schon im Universum gezeigt; schon lange sind die Stimmen zum Schweigen gebracht, die Galilei verdammt haben. Die so lange verleumdete Natur rechtfertigt sich dadurch, daß sie sich besser zu erkennen gibt; der Strohhalm des Vanini weiß mehr von der Existenz Gottes als alle Schulgelehrten, und die gestern Gotteslästerer waren, werden morgen Propheten sein.

Mögen Geschlechter dem unsern vorausgegangen, mögen die Tage der Genesis Jahrperioden oder selbst Jahrhunderte sein; sei die durch Josua in ihrem Lauf aufgehaltene Sonne ein poetisches Bild orientalischen Pathos, und mag alles offensichtlich Absurde wie die Geschichte durch Allegorie erklärt werden; das alles schadet nicht der Majestät der Bibel und widerspricht in keiner Weise ihrer Autorität.

Alles, was in diesem heiligen Buche Dogma oder Moral ist, untersteht dem Urteil der Kirche, was Archäologie, Chronologie, Physik und Geschichte ist, gehört ausschließlich der Wissenschaft, deren Autorität in diesen Dingen völlig unterschieden, wenn nicht unabhängig von jener des Glaubens ist.

Die aufgeklärtesten Priester erkennen dies, ohne daß sie es klar auszusprechen wagen; und sie haben recht zu schweigen. Man darf nicht verlangen, daß die Führer der Karawane schneller wandern wie die kleinen Kinder und die Greise. Wer zu eifrig ist im Vorwärtsgehen, ist bald allein und kann in der Einsamkeit umkommen, wie es Lamennais und vielen andern ergangen ist. Man muß den Weg zum Feldlager wohl kennen, um beim geringsten Zeichen dorthin zurückkehren zu können, damit man euch nicht für unklug hält, wenn ihr als Scharfschützen vorgeht.

Wenn die Zeit des Messiasglaubens, die Herrschaft Christi auf Erden verwirklicht sein wird, wird der Krieg aufhören; denn die Politik wird nicht mehr schändlicher Betrug der Geschicktesten oder die Grausamkeit der Stärksten sein, es wird wirklich ein internationales Recht geben, denn das internationale Pflichtbewußtsein wird ausgerufen und von allen erkannt werden. Dann erst wird die Weissagung Christi sich erfüllen, daß nur noch eine Herde und ein Hirte sein wird.

Wenn alle protestantischen Sekten dazu kämen, sich zu einigen und sich der griechischen Rechtgläubigkeit anzuschließen, indem sie den geistlichen Oberherrn, dessen Sitz Konstantinopel wäre, als Papst anerkennen wollten, dann gäbe es zwei römisch-katholische Kirchen in der Welt; denn Konstantinopel ist das neue Rom gewesen und würde es noch sein. Das Schisma wäre dann nur vorübergehend. Ein aus den Vertretern der ganzen Christenheit bestehendes, wirklich allgemeines Konzil würde den Zwist beenden, wie schon einmal zur Zeit des Konstanzer Konzils. Und voll Erstaunen würde die Welt sich ganz katholisch finden; diesmal aber mit der von den Protestanten eroberten Gewissensfreiheit und der von der Philosophie zurückgeforderten unabhängigen Moral: Niemand wäre mehr bei gesetzlicher Strafe gezwungen, die Heilmittel der Religion zu gebrauchen, niemand hätte mehr die Macht, die Größe des Glaubens zu leugnen, oder die der Philosophie als Grundlage dienende Wissenschaft zu beschimpfen.

Das läßt uns die Philosophie des Schicksals, von der Paracelsus spricht, ganz klar in der Zukunft sehen, und zwanglos gelangen wir zu dieser Wahrsagung durch eine Reihe von Schlußfolgerungen, die bei den Tatsachen beginnen, die vor unseren Augen geschehen.

Diese Dinge werden früher oder später eintreten und werden der Sieg der Ordnung sein; aber der Gang der Ereignisse wird von blutigen Katastrophen unterbrochen werden können, die der aufwieglerische Genius unaufhörlich vorbereitet und nährt, dieser Genius, der oft von dem brennenden Durst nach der zu jedem Heldentum und jeder Hingabe fähigen Gerechtigkeit beeinflußt, oft aber auch vom Magnetismus des Bösen mißbraucht, angeschwärzt und bezwungen wird.

Wenn man übrigens der prophetischen Ueberlieferung glauben darf, so wird diese vollkommene Ordnung erst nach dem jüngsten Gericht auf Erden herrschen, d. h. vor der Verwandlung und Erneuerung unseres Planeten. Die unvollkommenen und heruntergekommenen Menschen sind zum größten Teil Feinde der Wahrheit und unfähig zu einer anderen Vernunft. Eitelkeit und Begehrlichkeit werden sie immer trennen. Und um mit den Sehern zu sprechen, wird die Gerechtigkeit erst vollkommen auf Erden herrschen, wenn die Bösen bekehrt oder unterdrückt worden sind, und Christus, von seinen Engeln und Heiligen begleitet, vom Himmel herabsteigt um zu herrschen.

Es gibt Ursachen, die menschlicher Scharfblick nicht vorhersehen kann, und die ungeheure Ereignisse zeitigen können.

Die Erfindung eines neuen Gewehrs verändert das Gleichgewicht Europas, und Thiers, der geschickte Mann ohne Grundsätze, der glaubt, die Politik bestehe darin, die Würfel des Zufalls zu fälschen, spannt sich neben Veuillot an den Wagen Jagarnats, ich meine damit die irdische Päpstlichkeit. Hatte Jesus das alles vorausgesehen? Ja, vielleicht während seiner Todesnot im Garten Gethsemane, und sicher als er danach dem hl. Petrus jene schreckliche Weissagung gab: „Wer das Schwert nimmt, soll durch das Schwert umkommen."

Um das wahrhaft christliche Papsttum in der legitimen Ausübung seiner doppelten Macht wieder einzusetzen, wird vielleicht ein Märtyrer-Papst nötig sein. Die Marter fleht, hat der Graf Josef de Maistre gesagt, und wenn die Erde vom dürren Anhauch des Ungläubigen ausgetrocknet ist, verlangt sie Ströme von Blut.

Das Blut der Schuldigen wird rein, sobald es fließt, denn als Jesus ans Kreuz genagelt wurde, hat er alle Marterwerkzeuge geweiht; jedoch nur das Blut des Gerechten hat Sühnkraft.

Das Blut von Ludwig XVI. und Elisabeth flehte im Voraus darum, daß jenes von Robespierre nicht von der erhabenen Gerechtigkeit verworfen werde.

Das Wahrsagen der Zukunft durch Scharfblick und Induktion kann man Vorherwissen nennen, jenes, das durch das zweite Gesicht und magnetische Intuition geschieht, ist immer nur ein Vorausfühlen.

Man kann die Fähigkeit vorauszufühlen dadurch anregen, daß man sich in eine Art von Hypnotismus versetzt mit Hilfe von herkömmlichen oder willkürlichen Zeichen, die das Denken in eine Art Halbschlummer versenken. Diese Zeichen werden von der Zauberei genommen, denn man befragt eher das Orakel des Verhängnisses als das der Vernunft. Es ist ein Anrufen des Schattens, ein Appell an den Wahnsinn, es ist ein Opfern des lichten Denkens an das namenlose Etwas, das in der Nacht umherschleicht.

Die Wahrsagung ist, wie ihr Name andeutet, ein vornehmlich göttliches Werk und das vollkommene Vorhersehen kann nur Gott zugeschrieben werden. Deshalb sind die Männer Gottes natürliche Propheten, der gerechte und gute Mensch handelt in Einheit mit der Göttlichkeit, welche in uns allen wohnt und unaufhörlich zu uns spricht, aber das Durcheinander der Leidenschaften verhindert uns, seine Stimme zu hören.

Die Gerechten, die ihre Seelen beruhigt haben, hören diese erhabene und friedliche Stimme immer. Ihre Gedanken sind wie eine reine geglättete Woge, in welcher die göttliche Sonne sich in ihrer ganzen Pracht spiegelt.

Die Seelen der Heiligen sind wie feinfühlige Pflanzen der Reinheit, sie erzittern bei der geringsten weltlichen Berührung und wenden sich mit Abscheu von allem Unreinen ab. Sie haben einen besonderen Spürsinn, der sie befähigt, in gewisser Weise die Emanationen des Gewissens zu analysieren. Sie fühlen sich nicht wohl vor den Böswilligen und traurig vor den Gottlosen. Die Bösen haben für sie einen schwarzen Lichtschein, der sie abstößt und die Guten haben ein Licht, das alsbald ihr Herz anzieht. So ahnte der hl. Germain d'Auxerre die hl. Genovefa, so fand Postel eine neue Jugend in den Unterhaltungen mit Mutter Johanna. So verstand und liebte Fénelon die sanfte und geduldige Guyon.

Der Pfarrer von Ars, der ehrwürdige M. Vianney erkannte alle Versuche derer, die sich an ihn wandten, und es war unmöglich, ihn mit Erfolg anzulügen. Bekanntlich fragte er die Hirtenknaben von La Salette ganz scharf aus und veranlaßte sie zuzugeben, daß sie nichts außergewöhnliches gesehen hatten und sich einen Spaß daraus gemacht hatten, einen einfachen Traum zurecht zu machen und zu übertreiben. Es gibt auch eine Art Wahrsagung, welche dem Enthusiasmus und den großen übertriebenen Leidenschaften zukommt . . .

Diese Seelenmächte scheinen das hervorzubringen, was sie anzeigen. Sie können das Gebet wirksam machen; sie sagen: Amen! So geschehe es, und es ist, wie sie es gewollt haben.

VII. Kapitel.

Der Punkt des Ausgleichs.

Die ganze magische Macht liegt im Zentralpunkt des universalen Gleichgewichts.

Die ausgleichende Weisheit ist in den folgenden vier Worten enthalten: das Wahre wissen, das Gute wollen, das Schöne lieben, und das Rechte tun. Denn Wahrheit, Güte, Schönheit und Gerechtigkeit sind untrennbar, sodaß man nach Erkenntnis der Wahrheit nicht umhin kann, das Gute zu wollen und zu lieben, weil es schön ist, und es zu tun, weil es gerecht ist.

In der intellektuellen und moralischen Ordnung ist der Zentralpunkt der Uebergang von Gewissen und Glauben. In der menschlichen Natur ist dieser Zentralpunkt die Mitte, in welcher sich Geist und Körper vereinigen, um ihre Tätigkeit zu identifizieren.

In der physikalischen Ordnung ist er das Endergebnis der sich gegeneinander ausgleichenden Kräfte.

Begreift diesen Uebergang, diese Mitte, wirkt auf dies Endziel!

Et eritis sicut dii scientes bonum et malum.

Der Ausgleichspunkt von Leben und Tod ist das große Geheimnis der Unsterblichkeit.

Der Ausgleichspunkt von Tag und Nacht ist die große Triebfeder der Weltenbewegung.

Der Ausgleichspunkt von Wissenschaft und Glauben ist das große Geheimnis der Philosophie.

Der Ausgleichspunkt von Ordnung und Freiheit ist das große Geheimnis der Politik.

Der Ausgleichspunkt von Mann und Frau ist das große Geheimnis der Liebe.

Der Ausgleichspunkt von Wille, Leidenschaft,

Aktion und Reaktion ist das große Geheimnis der Macht.

Das große Geheimnis der hohen Magie, das unaussprechliche, nicht mitzuteilende Geheimnis ist nichts als der Ausgleichspunkt des Relativen und Absoluten. Es ist die Unendlichkeit im Endlichen, und das Endliche in der Unendlichkeit. Es ist die relative Allmacht des Menschen, die dem Unmöglichsein Gottes die Wage hält.

Hier wird verstehen, wer weiß, und die anderen werden zu erraten suchen.

Qui autem divinabunt, divini erant.

Der Ausgleichspunkt ist die Wesenseinheit, welche die Göttlichkeit in Gott, die Freiheit oder Individualität im Menschen und die Harmonie in der Natur ausmacht.

In der Dynamik ist er die fortdauernde Bewegung, in der Geometrie die Quadratur des Kreises, in der Chemie die Verwirklichung des großen Werks.

An diesem Punkt angekommen, fliegt der Engel ohne Flügel, und der Mensch kann, was er vernünftigerweise wollen muß.

Wir haben gesagt, daß man dorthin gelangt durch ausgleichende Weisheit, die in vier Worten zusammengefaßt wird: das Wahre, Gute, Schöne, Rechte wissen, wollen, lieben und tun.

Jeder Mensch ist zu dieser Weisheit berufen, denn Gott hat allen Intelligenz gegeben zum Wissen, einen Willen zum Wollen, ein Herz zum Lieben und eine Macht zum Handeln.

Uebung der Intelligenz in der Wahrheit führt zur Wissenschaft.

Uebung der Intelligenz im Guten gibt Gefühl für das Schöne, welches den Glauben hervorruft.

Was falsch ist, verdirbt das Wissen; was böse ist, verdirbt das Wollen; was häßlich ist, verdirbt die Liebe; was ungerecht ist, vernichtet und verdirbt die Handlung. Was wahr ist, muß schön sein; was schön ist, muß wahr sein, was gut ist, ist immer gerecht.

Das Böse, das Falsche, das Häßliche und Ungerechte ist unvereinbar mit der Wahrheit.

Ich glaube an die Religion, weil sie schön ist und das Gute lehrt. Ich finde es richtig, daran zu glauben; und ich glaube nicht an den Teufel, weil er häßlich ist, und weil er uns zum Bösen verführt, dadurch daß er uns die Lüge lehrt.

Wenn man mir von einem Gott spricht, der unsere Intelligenz irreleitet, unsere Vernunft erstickt, und seine selbst schuldigen Geschöpfe ewig quälen will, dann finde ich dieses Ideal häßlich, diese Fiktion böse, diese allmächtige Quälerei im höchsten Grade ungerecht; und ich schließe daraus entschieden, daß dies alles falsch ist, daß dieser angebliche Gott nach dem Bilde und der Aehnlichkeit des Teufels gemacht ist, und ich will nicht daran glauben, weil ich nicht an Satan glaube.

Hier aber gerate ich in einen scheinbaren Widerspruch mit mir selbst. Was ich als Ungerechtigkeiten, Verzerrungen und folglich als Fehler erkläre, geht aus den Unterweisungen einer Kirche hervor, von der ich bekenne, daß ich ihre Dogmen gelten lasse und ihre Symbole achte.

Ja, ohne Zweifel geht es aus ihren falschverstandenen Lehren hervor, und deshalb berufen wir uns auf das Haupt des Lichtes gegenüber dem Gesicht des Schattens, auf den Geist gegenüber den Buchstaben, auf die Konzilien gegenüber den Theologen, auf den heiligen Text gegenüber den Auslegern, und wir sind im übrigen bereit die Verdammung über uns ergehen zu lassen, wenn wir gesagt haben, was man verschweigen müßte.

Wohl verstanden, wir schreiben nicht für die unwissende, große Menge, sondern für die Gelehrten einer Zeit, die nach uns kommen wird, und für die Priester der Zukunft.

Wer fähig ist, wird das Wahre wissen, wird auch wagen, das Gute zu wollen; er wird das Schöne lieben und Veuillot nicht mehr für den Vertreter seines Ideals und seines Gedankens ansehen.

Sobald ein so veranlagter Papst die Kraft haben wird, einzig nur das zu tun, was gerecht ist, wird er nicht mehr sagen „non possumus"; denn er wird alles können, was er will, und er wird wieder der legitime Fürst nicht nur von Rom sondern der ganzen Welt sein.

Was tut es, wenn die Barke von Petrus vom Sturm gepeitscht wird? Hat Jesus Christus diesen Fürsten der Apostel nicht gelehrt, wie man auf den Wellen geht? Versinkt er, so war er voll Furcht, und war er ängstlich, so hat er an seinem göttlichen Meister gezweifelt. Der Heiland wird die Hand ausstrecken, ihn fassen und ans Ufer führen. „Du Kleingläubiger, warum hast du gezweifelt?"

Kann die Kirche für einen wahrhaft Gläubigen jemals in Gefahr sein? Nicht das Gebäude ist gefährdet, aber die Zwitterbauten, mit denen es die Unwissenheit von Jahren überladen hat.

Ein guter Priester erzählte uns eines Tages, er habe ein Karmeliter-Kloster besucht, man habe ihm gestattet, einen Mantel anzusehen, der der heiligen Gründerin des Ordens gehört haben soll, und als er erstaunt war, ihn recht schmutzig zu finden, rief die Nonne, die ihn zeigte, indem sie die Hände faltete: „Das ist der Schmutz unserer heiligen Mutter!" Der Priester dachte, und wir mit ihm, daß es ehrfurchtsvoller gewesen wäre, den Mantel zu waschen. Der Schmutz kann keine Reliquie sein, andernfalls müßte man noch sehr viel weiter gehen, und die Christen in ihrer Anbetung des Schmutzes hätten den Fetischanbetern des großen Lama nichts mehr vorzuwerfen.

Was nicht schön ist, ist nicht gut; was nicht gut ist, ist nicht recht, was nicht recht ist, ist nicht wahr.

Als Voltaire, dieser zu leidenschaftliche Freund der Gerechtigkeit, seinen Losungsruf wiederholte: „Vernichtet die Schändliche“; glaubt ihr wohl, daß er da vom Evangelium oder seinem anbetungswürdigen Verfasser sprach? Behauptete er die Religion des hl. Vinzenz von Paul und Fénelon anzugreifen? Nein, gewiß nicht, aber er war mit Recht entrüstet über die Ungereimtheiten, die enormen Dummheiten und gottlosen Verfolgungen, mit denen der Streit des Jansenismus und des Molinosismus seiner Zeit die Kirche erfüllte. Für ihn wie für uns war die Schändliche die Gottlosigkeit, und die schlimmste aller Gottlosigkeiten: die entstellte Religion.

Als er seine Arbeit getan hatte, als die Revolution, dem Evangelium folgend und den interessierten Kasten trotzend, „die Freiheit vor dem Gewissen, die Gleichheit vor dem Gesetz und die Brüderlichkeit der Menschen“, ausgerufen hatte, erschien unvermutet Chateaubriand, der zeigte, wie die Religion vor dem Genie schön sei, und die Welt Voltaires, durch die Revolution verbessert, ließ sich herab, noch anzuerkennen, daß die Religion wahr sei.

Die schöne Religion ist wahr, die häßliche Religion ist falsch. Sie ist wahr, die Religion des tröstenden Christ, des guten Hirten, der sein verlorenes Schaf auf der Schulter trägt, der unbefleckten Jungfrau, die die Sünder heilt und erlöst. Die Religion ist wahr, welche die Waisen aufnimmt, die Verurteilten am Fuße des Schaffots in ihre Arme nimmt, Reiche und Arme, den Herrn und Diener, Farbige und Weiße an den Tisch des Herrn zuläßt. Die wahre Religion befiehlt dem Papst Diener der Diener Gottes zu sein, und den Priestern, den Bettlern die Füße zu waschen! Aber die Religion der Spießbürger des Heiligtums, die den Nachfolger Petri zwingt zu töten um zu essen, die gallige und gemeine Religion eines Veuillot, die Religion der Feinde der Wissenschaft und des Fortschritts, sie ist falsch, weil sie häßlich ist, sich dem Guten widersetzt und die Ungerechtigkeit begünstigt. Und man sage uns nur nicht, daß diese beiden entgegengesetzten Religionen ein und dieselbe sei. Dann könnte man ebenso gut sagen, Rost ist dasselbe wie poliertes Eisen, Schlacken sind Silber oder Gold, und Lepra ist dasselbe wie das Menschenfleisch.

Der Mensch hat ein religiöses Bedürfnis: eine unwiderlegliche Tatsache, die die Wissenschaft zugeben muß. Diesem Bedürfnis entspricht ein besonderer innerer Sinn: der Sinn für Ewigkeit und Unendlichkeit. Es gibt Bewegungen, die man nie vergißt, wenn man sie einmal gefühlt hat, es sind jene der Andacht.

Der Brahmane erlebt sie dadurch, daß er sich in die Betrachtung Ishwaras versenkt; der Israelite wird von ihnen in der Gegenwart Adonais durchdrungen; die inbrünstige katholische Nonne läßt sie sich in Tränen der Liebe über die Füße ihres Krucifixus ausgießen. Sagt ihnen nicht, daß es Illusionen und Lügen sind: sie würden mitleidig lächeln und hätten recht. Alles ist erfüllt von den Strahlungen des Ewigkeitsgedankens; sie sehen ihn, und das Gefühl, das sie in Gegenwart jener haben müssen, die ihn leugnen, gleicht dem der Sehenden vor einem Blinden, der die Existenz der Sonne leugnen wollte.

Das ist der augenscheinliche Beweis des Glaubens und ist eine Wahrheit, die man unbedingt wissen muß. Der ungläubige Mensch ist unvollständig, ihm fehlt das vornehmste aller inneren Gefühle. Die Moral wird für ihn notwendigerweise eingeschränkt und wird zu etwas sehr Unwesentlichem zusammenschrumpfen. Die Moral kann unabhängig von dieser oder jener dogmatischen Formel sein, sie ist unabhängig von den Vorschriften dieser oder jener Priester, aber sie kann ohne das religiöse Gefühl nicht existieren, denn außerhalb dieses Gefühls wird die menschliche Würde anfechtbar oder willkürlich. Was ist der beste, liebevollste, treueste Mensch ohne Gott und Unsterblichkeit der Seele? Ein sprechender Hund. Und viele werden die Moral des Wolfes unabhängiger und stolzer finden als die des Hundes. Seht in La Fontaines Fabeln nach.

Wahre Moral hatte der gute Samariter, der die Wunden des Juden verband, trotz des Hasses zwischen Jerusalem und Samaria, der die Religion zum Vorwand nahm; Abd-el-Kader besaß sie, als er sein Leben preisgab, um die Christen von Damaskus zu retten. Ach, ehrwürdiger Pius IX., daß es dir vergönnt gewesen ist, heiligster Vater, dein Leben preiszugeben für das von Pérouse, Castelfidardo und Mentana!!!

Als Jesus Christus von den Priestern seiner Zeit sprach, sagte er: „Tut, was sie sagen, aber nicht, was sie tun". Darauf haben die Priester geantwortet, man müsse Jesus Christus kreuzigen; und er wurde gekreuzigt. Die Priester, die schändlich in ihren Werken waren, konnten in ihren Worten nicht unfehlbar sein.

Heilte derselbe Christus übrigens nicht am Sabbat die Kranken zum großen Aergernis der Pharisäer und Schriftgelehrten?

Die wahre, unabhängige Moral wird von der unabhängigen Religion eingegeben.

Wohlan, die unabhängige Religion soll die der Erwachsenen sein, die andere ist für die Kinder.

Wir können in der Religion kein vollkommeneres Vorbild haben als Jesus Christus. Jesus erfüllte die Religion Moses, aber er fesselte sich nicht daran. Er sagte, das Gesetz ist für den Menschen gemacht und nicht der Mensch für das Gesetz; er wurde von der Synagoge zurückgewiesen und besuchte deswegen nicht weniger den Tempel; überall erhob er den Geist gegen den Buchstaben; er verlangte von seinen Jüngern nur die Nächstenliebe. Er ist gestorben, indem er einem reuigen Sünder seine Schuld vergab, seine Mutter dem Lieblingsjünger empfahl, und die Priester haben seiner letzten Stunde nur beigewohnt um ihn zu verfluchen.

Der Ausgleichspunkt in der Religion ist die durchaus absolute Gewissensfreiheit und der freiwillige Gehorsam gegen die Autorität, welche die öffentliche Lehre, die Disziplin und den Kult regelt.

In der Politik ist er die despotische Verwaltung des Gesetzes, die die Freiheit aller in der vollkommensten hierarchischen Ordnung verbürgt.

In der Dynamik ist er die Mitte der Wage.

In der Kabbala ist er die Vermählung der Elohim.

In der Magie ist er der Zentralpunkt zwischen Widerstand und Handlung, der gleichzeitige Gebrauch von Ob und Od zur Erschaffung des Aour.

In der Hermetischen Philosophie ist er die unlösliche Verbindung von Merkur und Sulfur.

Ueberall ist er die Vereinigung des Wahren, des Guten, des Schönen und Gerechten.

Er ist das Verhältnis vom Wesen zum Leben, ist die Ewigkeit in der Zeit und in der Ewigkeit die zeugende Kraft der Zeit.

Er ist das Etwas in allem und alles in Etwas.

Er ist der Idealismus des Menschen, der dem Realismus Gottes begegnet.

Er ist die Beziehung zwischen Anfang und

Ende, der vom Omega zum Alpha und vom Alpha zum Omega zeigt.

Er ist das, was die großen Eingeweihten mit dem geheimnisvollen Namen Azoth bezeichnet haben.

VIII. Kapitel.

Die äußersten Punkte.

Die Kraft der Magnete liegt in ihren äußeren Polen, und die Mitte zwischen den zwei Polen ist der Ausgleichspunkt.

Die Wirkung des einen Pols wird durch die des entgegengesetzten Pols ausgeglichen wie bei der Bewegung des Pendels; die Entfernung vom Mittelpunkt nach links ist bedingt durch jene nach rechts.

Das Gesetz des physikalischen Gleichgewichts ist auch das des moralischen. Die Kräfte liegen in den äußersten Teilen und laufen im Centralpunkt zusammen. Zwischen den äußersten Teilen und der Mitte begegnen wir nur Schwäche.

Wer sich durch die Bewegung der andern fortreißen läßt, ist feige, lau und an sich zu dieser Bewegung unfähig.

Die Extreme gleichen und berühren sich durch das Gesetz der Analogie der Gegensätze.

Sie bilden die Macht des Kampfes, denn sie können sich nicht ausgleichen.

Wenn warm und kalt z. B. gemischt werden, geben sie ihre besonderen Eigenschaften der Kälte und Wärme auf und werden zur Lauheit.

„Was kann ich für dich tun?“ sagte Alexander zu Diogenes.

„Geh mir aus der Sonne“, antwortet der Zyniker.

Da rief der Eroberer aus: „Wenn ich nicht Alexander wäre, möchte ich Diogenes sein“. Das sind zwei Stolze, die sich verstehen und berühren, obwohl sie an die beiden äußersten Enden der sozialen Stufenleiter gestellt sind.

Warum hat Jesus die Samariterin aufgesucht,

wenn er so viele anständige Frauen in Judäa hatte?

Warum nimmt er die Liebkosungen und die Tränen der Magdalena entgegen, die eine öffentliche Sünderin war? Warum? Er sagt es euch selbst, weil sie viel geliebt hat. Er verbirgt nicht seine Vorliebe für die berüchtigten Menschen wie für die Zöllner und die verlorenen Söhne. Man fühlt aus seinen Reden, daß eine einzige Träne von Kain in seinen Augen kostbarer ist als alles Blut des Abel.

Die Heiligen hatten die Gewohnheit zu sagen, daß sie sich als gleiche Genossen der furchtbarsten Schurken fühlten, und sie hatten recht. Die Schurken und die Heiligen sind gleich wie die gegenüberstehenden Wagschalen derselben Wage. Die einen wie die anderen stützen sich auf die äußersten Punkte, und es ist ebensoweit vom Schurken zum Weisen wie vom Weisen zum Schurken.

Die Uebertreibungen im Leben, die sich unaufhörlich bekämpfen, bringen die ausgeglichene Bewegung des Lebens zustande. Wenn die Feindseligkeit in der Offenbarung der Kräfte aufhörte, dann würde alles in starrem Gleichgewicht verharren, und das wäre der universale Tod. Wären alle Menschen weise, dann gäbe es weder Arme noch Reiche, weder Knechte noch Könige; die Gesellschaft würde nicht mehr bestehen. Diese Welt ist ein Irrenhaus, in dem die Weisen die Wärter find; das Krankenhaus ist nur für die Kranken. Sie ist die Vorschule für das ewige Leben. Eine Schule aber braucht vor allem Schüler. Die Weisheit ist das Ziel, das man erreichen muß, sie ist der Preis im Wettbewerb. Gott schenkt ihn dem, der ihn verdient hat, niemand bringt ihn mit auf die Welt. Die ausgleichende Kraft liegt im Mittelpunkt, aber die bewegende Kraft offenbart sich in den äußersten Teilen. Die Tollen beginnen die Revolution, die Weisen beendigen sie.

In den politischen Revolutionen gehörte die Macht immer den größten Schurken, sagte Danton, in den religösen Revolutionen reißen die Fanatiker die Anderen notwendigerweise mit sich.

Die großen Heiligen und großen Schurken sind alle gleich mächtige Magnetiseure, denn sie verfügen über eine Willenskraft, die durch die Gewohnheit widernatürlicher Taten übermäßig gesteigert ist. Marat faszinierte den Konvent, wo alle ihn haßten und ihn verfluchend doch gehorchten. Mandrin wagte es, am hellen Tag durch die Städte zu reiten und sie zu plündern, und niemand wagte ihn zu verfolgen. Man hielt ihn für einen Zauberer! Man war davon überzeugt, daß er wie Pulcinell den Henker aufhängen würde, wenn man ihn zum Galgen führte; nun ist es wahrscheinlich, daß er es getan hätte, wenn er seinen Ruf nicht bei einem Liebesabenteuer aufs Spiel gesetzt hätte, und sich so lächerlicher Weise wie ein zweiter Simson zwischen die Kniee einer anderen Delila hätte nehmen lassen.

Die Liebe zu den Frauen ist der Sieg der Natur. Sie ist der Ruhm der Weisen, für die Straßenräuber und die Heiligen dagegen die gefährlichste aller Klippen.

Die Straßenräuber dürfen sich nur in die Guillotine verlieben, die Lacenaire seine schöne Braut nannte, und die Heiligen dürfen nur Totenköpfe küssen.

Schurken und Heilige sind in gleicher Weise außerordentliche Menschen und Feinde der Natur. Daher scheint die volkstümliche Legende sie oft durcheinander zu werfen und beschuldigt die Heiligen ungeheurer Grausamkeiten, während sie den berühmten Straßenräubern Taten der Menschenfreundlichkeit zuschreibt.

Der heilige Simeon, der Säulenheilige, wird auf seiner Säule von seiner Mutter besucht, die ihn umarmen will, bevor sie stirbt. Der christliche Fakir steigt nicht nur nicht herab, sondern er verbirgt das Gesicht, um sie nicht zu sehen. Die arme Frau verscheidet unter Tränen nach ihrem Sohn rufend, und der Heilige läßt sie sterben. Wenn man uns eine ähnliche Geschichte von Cartouche oder dem Schinderhannes erzählte, so würden wir finden, daß das Bild ihrer Sünden nach Belieben überlastet wird. Cartouche und Schinderhannes waren gewiß keine Heiligen: sie waren nur einfache Straßenräuber.

O, menschliche Dummheit, Dummheit, Dummheit!!!

Unordnungen in der moralischen Ordnung verursachen solche in der physikalischen Ordnung. Und das nennt die Menge Wunder. Man muß Balaam sein, um die Sprache einer Eselin zu verstehen: Die Einbildung der Dummen ist die Nährmutter der Wunderwerke. Wenn ein Mann übermäßig viel getrunken hat, glaubt er, daß die andern schwanken und die Natur in Unordnung gerät, um ihn vorüber gehen zu lassen.

Ihr also, die ihr nach dem Außerordentlichen strebt, die ihr Wunder tun wollt, ihr seid Tollköpfe. Die Weisheit wird niemals bemerkt, weil sie immer in Ordnung, in Ruhe, in Harmonie und Frieden wirkt.

Alle Laster haben ihre unsterblichen Vertreter, die kraft ihres Uebermaßes ihre Schändlichkeit berühmt gemacht haben: der Stolz Alexander, wenn nicht Diogenes oder Erostratus, der Zorn Achill, der Neid Kain oder Thersites; der Luxus Messalina, die Gefräßigkeit Vitellius, die Faulheit Sardanapal, der Geiz König Midas. Stellt diesen lächerlichen Helden andere gegenüber, die durch gegenteilige Mittel genau zum selben Ziele kamen: der hl. Franziskus, der christliche Diogenes, der kraft seiner Demut sich Jesus gleichstellt; der hl. Gregor VII., dessen Ungestüm Europa erschüttert und die Päpstlichkeit bloßstellt; der hl. Bernhard, der bleiche Verfolger Abälards, dessen Ruhm den seinigen überstrahlte; der hl. Antonius, dessen unreine Einbildung die Orgien des Tiberius oder Trimalcions übertraf; die immer Hungrigen der Wüste, immer den gierigen Träumen des Tantalus Ausgelieferten und diese immer geldgierigen, armen Mönche. Die Extreme berühren sich, wie wir schon gesagt haben, und was nicht Weisheit ist, kann keine Tugend sein. Die äußersten Punkte sind die Herde der Torheit, und trotz aller Träume des Asketentums und alles Duftes nach Heiligkeit arbeitet die Torheit am Ende immer für das Laster.

Ob freiwillig oder unfreiwillig, Beschwörungen sind Verbrechen. Die Menschen, die der Magnetismus des Bösen quält, und denen er in sichtbarer Gestalt erscheint, tragen die Qual der Gewalt, die sie der Natur angetan haben. Eine hysterische Nonne ist nicht weniger unrein wie eine ausschweifende Frau; eine lebt im Grab, die andre im Bordell; oft trägt die Frau des Grabes ein Bordell in ihrem Herzen und die Frau des Bordells ein Grab in ihrer Brust.

Als der unglückliche, als angeblicher Zauberer verfluchte und als freigeistiger Priester verachtete Urbain Grandier das Unrecht seiner verwegenen Gelübde grausam sühnte, ging er mit der Ergebung eines Weisen und der Geduld eines Märtyrers zum Tod. Die frommen Ursulinerinnen von Laudun drehten sich wie Bacchantinnen, sie stellten das Kruzifix zwischen ihre Füße und gaben sich den verruchtesten Obszönitäten hin. Man beklagte sie, diese unschuldigen Opfer! Und Grandier, gebrochen durch die Folterqualen, und an den Pfahl gebunden, wo die Flammen ihn langsam ergriffen, ohne daß eine Klage aus seinem Munde kam, wurde als ihr Henker betrachtet.

Etwas Unglaubliches waren diese Nonnen, die das Prinzip des Bösen darstellten, es verwirklichten und in sich selbst verkörperten. Sie waren es, die Gott lästerten, beleidigten, beschuldigten, und der, den man in den Tod schickte, war der Gegenstand ihrer verruchten Leidenschaft! Sie und ihre Beschwörer hatten die ganze Hölle beschworen und Grandier, der sie selbst nicht zum Schweigen bringen konnte, wurde als Zauberer und Meister der Dämonen verdammt.

Der berühmte Pfarrer von Ars, der gelehrte Vianney, wurde nach Aussage seiner Biographen von dem Dämon bekämpft, welcher mit ihm in einer Art Gemeinschaft lebte. So wurde der gute Pfarrer Zauberer, ohne es zu wissen; er machte unfreiwillige Beschwörungen. Wieso? Eine Aeußerung, die man ihm zuschreibt, wird es uns erklären. Er soll gesagt haben, als er von sich sprach: „Ich kenne jemand, der wohl betrogen sein würde, wenn es keine ewigen Belohnungen gäbe!" Was nun! Hatte er aufgehört das Gute zu tun, wenn er keinen Lohn mehr zu erwarten hatte? Beklagte die Natur sich im Grunde seines Gewissens? Fühlte er sich ungerecht gegen sie?

Trägt das Leben eines wahrhaft Weisen seinen Lohn nicht in sich? Beginnt die ewige Glückseligkeit für ihn nicht schon auf Erden? Ist die wahre Weisheit jemals eine Rolle des Toren? Tapferer Mann, hast du so gesprochen, dann hast du das Uebermaß deines Eifers gefühlt. Dann bedauerte dein Herz den Verlust ehrenhafter Genüsse, und Mutter Natur beklagte dich, ihren undankbaren Sohn. Glücklich die Herzen, denen die Natur nichts vorwirft! Glücklich die Augen, die überall Schönheit suchen. Glücklich die Hände, die überall Wohltaten und Liebkosungen verbreiten können! Glücklich die Menschen, die von zwei Weinen den besseren auszuwählen wissen, und oft glücklicher sind ihn anderen anzubieten als ihn selbst zu trinken! Glücklich die anmutigen Gesichter, deren Lippen voll Lächeln und Küssen sind! Diese werden niemals Betrogene, denn die Erinnerung geliebt zu haben, ist nach der Hoffnung zu lieben das Beste in der Welt; und allein die Dinge, deren Erinnerung immer ein Glück sein kann, verdienen Unsterblichkeit.

IX. Kapitel.

Die dauernde Bewegung.

Die dauernde Bewegung ist das ewige Gesetz des Lebens.

Es offenbart sich überall wie die Atmung durch Anziehung und Abstoßung.

Jede Wirkung verursacht eine Gegenwirkung, jede Gegenwirkung ist der Wirkung proportional.

Jede harmonische Wirkung läßt eine ihr in Harmonie entsprechende entstehen. Eine unharmonische Wirkung erheischt eine dem Schein nach verworrene, in Wirklichkeit aber ausgleichende Gegenwirkung.

Wenn ihr Heftigkeit der Heftigkeit gegenüberstellt, dann bewirkt ihr die Fortdauer der Heftigkeit; begegnet ihr aber der Heftigkeit mit der Kraft der Milde, so laßt ihr die Milde siegen und brecht die Heftigkeit.

Es gibt Wahrheiten, die einander entgegenzuwirken scheinen, weil die dauernde Bewegung sie abwechselnd siegen läßt.

Der Tag und die Nacht besteht gleichzeitig, jedoch nicht auf derselben Halbkugel.

Am Tag gibt es Schatten, in der Nacht Lichter; und der Schatten am Tage macht ihn glänzender, wie die Lichter in der Nacht sie noch schwärzer erscheinen lassen.

Der sichtbare Tag und die sichtbare Nacht bestehen so nur für unsere Augen, das ewige Licht ist für sterbliche Augen unsichtbar und erfüllt die Unendlichkeit.

Wahrheit ist der Tag der Seelen, Lüge ihre Nacht.

Jede Wahrheit setzt Lüge voraus und heischt sie wegen der Begrenztheit der Formen; und jede Lüge baut sich auf einer Wahrheit auf und verlangt sie zur Richtigstellung des Endlichen im Unendlichen.

Jede Lüge enthält eine gewisse Wahrheit, die ihr Bestimmtheit in der Form gibt, und jede Wahrheit ist für uns in eine gewisse Lüge eingehüllt, die das Ende ihrer Erscheinung ist.

So ist es wahr oder wenigstens wahrscheinlich, daß es ein unendliches Wesen oder deren drei gibt, die nur eins ausmachen. Dieses ist unsichtbar; es belohnt die, welche ihm dienen, dadurch, daß es sich von ihnen schauen läßt. Es ist überall gegenwärtig, sogar in der Hölle, wo es die Verdammten quält, indem es ihnen seinen Anblick entzieht. Es will das Heil von allen und gibt seine wirksame Gnade nur einer sehr kleinen Anzahl, drückt allen den Stempel eines furchtbaren Gesetzes auf und gestattet alles, was seine Bekanntgabe zweifelhaft machen kann: gibt es einen solchen Gott? Nein und nochmals nein; wird die Existenz Gottes in dieser Form zugegeben, so ist sie eine entstellte, ganz in Lüge verhüllte Wahrheit.

Muß man erkennen, daß alles gewesen ist und sein wird, die ewige Substanz sich selbst genügt und ihre Form durch die dauernde Bewegung bestimmt ist, daß alles Kraft und Stoff ist, die Seele nicht existiert, der Gedanke nur die Arbeit des Gehirns ist, und Gott nichts anderes sein kann als das Verhängnis des Seins? Nein, denn diese völlige Verneinung der Intelligenz würde sogar dem Instinkt der Tiere zuwider sein. Es ist offensichtlich, daß die Bejahung des Gegenteils den Glauben an Gott verlangt.

Hat sich dieser Gott außerhalb der Natur den Menschen persönlich geoffenbart, hat er ihnen der Natur und Vernunft widersprechende Ideen aufgedrängt? Nein, denn wenn diese Offenbarung geschähe, dann wäre ihre Tatsache für alle augenscheinlich; und außerdem kann ein Wesen, das sich in Widerspruch mit der von Gott kommenden Natur und Vernunft befindet, nicht Gott sein, selbst wenn die Tatsache der äußeren Offenbarung dieses unbekannten Wesens von unanfechtbarer Wirklichkeit wäre. Moses, Mohammed, der Papst und der große Lama sagen, Gott habe mit Ausschluß der andern zu ihnen gesprochen, und habe jedem gesagt, die anderen seien Lügner. — Sind sie denn alle Lügner?

Nein, sie täuschen sich, wenn sie sich entzweien, und sprechen wahr, wenn sie eins sind.

Hat Gott zu ihnen gesprochen, oder hat er nicht zu ihnen gesprochen? Gott hat weder Mund noch Zunge, um nach Menschenart zu sprechen. Wenn er spricht, dann tut er es im Gewissen, und wir alle können seine Stimme hören.

Er lobt in unserem Herzen das Wort Jesu, das Wort von Moses, wenn es weise, und das von Mohammed, wenn es schön ist. Gott ist nicht fern von einem jeden unter uns, denn in ihm leben, weben und sind wir, sagt der hl. Paulus.

Selig sind, die reinen Herzens sind, sagt Jesus, denn sie werden Gott schauen. Nun aber heißt den unsichtbaren Gott schauen, ihn im Gewissen fühlen, ihn im Herzen sprechen hören.

Der Gott des Hermes, jener des Pythagoras, des Orpheus und des Sokrates, der Gott Moses und Jesus Christus ist ein und derselbe Gott, und er hat zu ihnen allen gesprochen. Kleanthes der Lyriker war wie David erleuchtet, und die Legende von Krischna ist ebenso schön wie das Evangelium des hl. Matthäus. Es gibt im Koran bewundernswürdige Seiten; aber es gibt dumme und häßliche Stellen in der Theologie aller Kulte.

Der Gott der Kabbala, der des Moses und Hiobs, der Gott von Jesus Christus, Origenes und

Synesios kann nicht jener der grausamen Hinrichtungen der Ketzer sein.

Die Mysterien des Christentums, so wie der Evangelist Johannes und die gelehrten Kirchenväter sie verstehen, sind erhaben; dieselben Mysterien sind, wenn sie von einem Garassus, Escobar y Mendoza und Veuillot erklärt, oder meistens unerklärlich geworden sind, lächerlich und teuflisch. Der katholische Kult ist je nach Priester und Gotteshaus prächtig oder erbärmlich.

Daher kann man mit derselben Wahrhaftigkeit sagen, das Dogma ist wahr, und es ist unwahr, daß Gott gesprochen und nicht gesprochen hat, daß die Kirche unfehlbar ist, und daß sie doch täglich irrt, daß sie die Versklavung zerstört und gegen die Freiheit einnimmt, daß sie den Menschen erhebt und ihn verdummt.

Man kann bewundernswürdige Gläubige unter denen finden, die sie Atheisten nennt und Atheisten unter denen, die sich ihr gegenüber als Gläubige ausgeben. Wie sollen wir aus diesen offensichtlichen Widersprüchen herausfinden? Dadurch, daß wir uns daran erinnern, daß es am Tage Schatten und in der Nacht Lichter gibt, daß wir nicht versäumen das Gute anzunehmen, das sich so oft im Bösen findet, und daß wir uns vor dem Bösen hüten, das sich unter das Gute mischen kann.

Papst Pius IX. hat unter dem Namen Syllabus eine Sammlung von Lehren herausgegeben, die er verwirft, und von denen der größte Teil vom Standpunkt der Wissenschaft und Vernunft gesehen unanfechtbar und wahr erscheint. Jeder dieser Sätze enthält und verbirgt einen falschen Sinn, der gesetzmäßig verworfen ist. Müssen wir deshalb auf den wahren und natürlichen Sinn verzichten, den sie beim ersten Anblick darbieten? Wenn die Autorität Versteck spielen will, mag suchen, wer will; was uns betrifft, genügt es sie zu erkennen, wenn sie sich zeigt.

Der geistreiche Priester von Orleans, der kriegerische Dupanloup hat bewiesen, indem er den Papst sich selbst gegenüberstellte, daß der Syllabus nicht bedeutet und nicht bedeuten kann, was er zu sagen scheint. Wenn er ein Buchstabenrätsel ist, wollen wir ihn beiseite lassen, die wir nicht in die Tiefen des römischen Hofes eingeweiht sind.

Wieviele große Wahrheiten sind in dunklen, dogmatischen, dem Anschein nach vollendet lächerlichen Formeln verborgen? Verlangt ihr Beispiele dafür? Wenn man einem chinesischen Philosophen erzählen wollte: die Europäer beten einen Juden, der die Todesstrafe erlitt, als den seienden und erhabenen Gott des Universums an; sie glauben, dieser Jude, dessen Fleisch und Knochen sie in der Gestalt eines kleinen Brotes essen, werde jeden Tag wieder lebendig. Hätte der Jünger des Konfuzius dann nicht einige Mühe zu glauben, daß Völker, die in seinen Augen wohl Barbaren aber nicht ausgesprochene Menschenfresser sind, zu solchen Seltsamkeiten fähig seien? Und wenn man hinzufügte, daß dieser Jude von einem Geist, welches der gleiche Gott ist, in der Gestalt einer Taube in einer Frau gezeugt wurde, die vor und während der Niederkunft durchaus und körperlich Jungfrau blieb, glaubt ihr nicht, daß sein Erstaunen und seine Verachtung bis zum Ekel gesteigert würde? Würde er nicht in wirklichen Zorn geraten, sagte man ihm, daß der Judengott in die Welt gekommen sei um den Martertod zu sterben, damit er seinen Vater, den Gott der Juden besänftige, und daß dieser Gott dies nicht jüdisch genug fand und bei Gelegenheit des Todes seines Sohnes das Reich Judas, trotz seiner Versicherung, daß es ewig sei, zerstört hat.

Um wahr zu sein, muß jedes Dogma unter einer rätselhaften Formel einen hohen und vernünftigen Sinn haben. Es muß zwei Gesichter haben wie der göttliche Kopf des Sohar: ein Gesicht des Lichtes und eines des Schattens.

Wenn das in seinem Geist erklärte christliche Dogma für einen frommen, aufgeklärten Juden nicht annehmbar wäre, müßte man sagen, daß dies Dogma falsch ist, und das seinen Grund darin hat: zur Zeit, als das Christentum in der Welt entstand, war der Judaismus die wahre Religion, und Gott verwarf, mußte und muß immer alles verwerfen, was diese Religion nicht gelten ließ. Es ist also unmöglich, daß wir einen Menschen oder irgendein Ding verehren. Wir müssen vor allem dem reinen Theismus und dem Spiritualismus des Moses ergeben sein. Unsere vereinten Idiome sind nicht eine Vermischung der Natur; wir verehren Gott in Jesus Christus und nicht Jesus Christus an Gottes Statt. Wir glauben, daß Gott sich der Menschheit selbst offenbart hat, daß er in uns allen mit dem Geist des Heilands lebt, und das ist ganz gewiß nichts Absurdes. Wir glauben, daß der Geist des Heilands der Geist der Nächstenliebe, der Frömmigkeit, der Intelligenz, der Wissenschaft und des guten Willens ist, und in all dem sehe ich nichts, was dem blinden Fanatismus gliche. Unsere Dogmen von der Inkarnation der Dreieinigkeit und der Erlösung sind ebenso alt wie die Welt und gehen sogar aus jener verborgenen Lehre des Mosaismus hervor, die der Mosaismus für seine Schriftgelehrten und Priester zurückhielt. Der Baum des Sephirot ist eine wundervolle Darlegung des Mysteriums von der Dreieinigkeit. Die Entthronung Adams, diese gigantische Fassung der ganzen erniedrigten Menschheit verlangt einen Mittler, der nicht weniger unermeßlich sein durfte, als es der Messias sein wird, der sich aber mit der Sanftheit eines Kindes offenbaren wird, das mit dem Löwen spielt, während es die Täubchen an sich lockt. Das wohl verstandene Christentum ist das vollkommene Reich Judas; weniger die Beschneidung und die Knechtschaft der Rabbiner als vielmehr Glaube, Hoffnung und Nächstenliebe in einer wunderbaren Vereinigung.

Es ist heute für kluge Leute ganz als wahr erwiesen, daß die weisen Aegypter weder Hunde, noch Katzen noch Pflanzen anbeteten. Das geheime Dogma der Eingeweihten war genau das des Moses wie das des Orpheus: ein einziger, universaler Gott, unveränderlich wie das Gesetz, fruchtbar wie das Leben in der ganzen Natur offenbart, in allen Intelligenzen denkend, in allen Herzen liebend, Grund und Ursache des Seins und aller Wesen, ohne sich mit ihnen zu vermischen, unsichtbar, unbegreiflich, aber gewiß bestehend, da nichts ohne ihn bestehen kann.

Da sie ihn nicht sehen können, haben die Menschen ihn geträumt, und die Verschiedenheit der Götter ist nichts als die Verschiedenheit ihrer Träume.

Wenn du nicht träumst wie ich, wirst du ewig verdammt sein, sagen die Priester der verschiedenen Kulte zu einander. Wir wollen nicht wie sie klügeln, wir wollen die Stunde erwarten.

Unter einem Titel, den Michelet schon in die Oeffentlichkeit gebracht hat, könnte man ein sehr schönes Buch schreiben. Es wäre ein Zusammenklingen der Bibel, der Puranen, der Veden, der Bücher des Hermes, der Hymnen Homers, der Lehren des Konfuzius, des Korans des Mohammed und sogar der Edda der Skandinavier. Diese Sammlung, deren Endergebnis sicher katholisch wäre, könnte mit Recht die Bibel der Menschheit heißen; anstatt die Arbeit zu tun, hat der zu liebenswürdige und in seiner Sprache duftige Greis sie nur angegeben und das Vorwort dazu leicht skizziert.

In ihrem Wesen hat sich die Religion niemals geändert, aber jedes Zeitalter wie jede Nation hat ihre Vorurteile und Irrtümer. In den ersten Jahrhunderten des Christentums glaubte man, daß die Welt unterginge, und man verachtete alles, was das Leben verschönte. Die Wissenschaften, die Künste, die Vaterlandsliebe, die Familienliebe, alles verfiel der Vergangenheit vor den himmlischen Träumen. Die einen liefen zum Martyrium, die andern in die Wüste; und das Reich zerfiel in Trümmer. Dann kam die Torheit des Theologenstreites und die Christen erwürgten sich um Worte, die sie nicht verstanden. Im Mittelalter machte die Einfalt der Evangelisten den Spitzfindigkeiten der Schule Platz und der Aberglaube wucherte. Zur Zeit der Renaissance erschien der Materialismus, das große Grundgesetz der Einheit wurde verkannt und der Protestantismus pflanzte Kirchen der Phantasie in die Welt. Die Katholiken waren erbarmungslos, und die Protestanten waren unversöhnlich.

Dann kam der düstere Jansenismus mit seinen furchtbaren Dogmen, dem Gott, der nach Laune rettet und verdammt, und dem Kult der Trauer und des Todes. Die Revolution prägte sodann Freiheit mit Schrecken, Gleichheit mit den Hieben des Fallbeils, Brüderlichkeit in Blut. Daraus geht eine feige und gemeine Reaktion hervor. Die bedrohten Interessen nahmen die Maske der Religion, und die Geldschränke verbanden sich mit dem Kreuz. Da stehen wir heute noch. Die Schutzengel des Heiligtums sind durch Zuaven ersetzt, und das Königreich Gottes, das im Himmel Gewalt erleidet, leistet der Heftigkeit auf der Erde Widerstand — nicht mehr mit Lossagungen und Gebeten, sondern mit Geld und Bajonetten. Juden und Protestanten mästen den Stuhl des hl.

Petrus. Die Religion ist nicht mehr eine Sache des Glaubens, sondern der Partei.

Es ist offenbar, daß das Christentum noch nicht verstanden worden ist, und daß es endlich seinen Platz beansprucht; deshalb stürzt alles und wird alles stürzen, solange es nicht in seiner ganzen Wahrheit und Macht errichtet wird um das Gleichgewicht der Welt festzulegen.

Die Bewegungen, die wir jetzt durchleben, haben nichts Erregendes; sie sind das Resultat der dauernden Bewegung, die alles stürzt, was der Mensch den Gesetzen des ewigen Gleichgewichts entgegenstellen will.

Die Gesetze, die die Welt regieren, beherrschen auch die Geschicke aller menschlichen Wesen. Der Mensch ist zum Ausruhen geboren, aber nicht zum Müßiggang. Für ihn ist das Bewußtsein seines eigenen Gleichgewichts das Ausruhen, aber er kann nicht auf die dauernde Bewegung verzichten, da das Leben Bewegung ist. Man muß sie über sich ergehen lassen oder sie lenken. Wenn man sie duldet, dann zerbricht sie uns, lenkt man sie, dann macht sie uns neu. Es muß Gleichgewicht, kein Gegenspiel zwischen Geist und Körper bestehen. Der unersättliche Durst der Seele ist ebenso furchtbar wie der gestörte Hunger des Fleisches. Weit entfernt davon sich zu beruhigen, wird die Lüsternheit durch wahnsinnige Entbehrungen noch gesteigert. Die Leiden des Körpers machen die Seele traurig und ohnmächtig, und sie ist nur dann wahre Königin, wenn die Organe, ihre Untertanen, durchaus frei und beruhigt sind.

Es besteht ein Ausgleich und keine Gegenwirkung zwischen Gnade und Natur, denn Gnade ist die Richtung, die Gott selbst der Natur gibt. Durch Gnade des Allerhöchsten blüht der Frühling, trägt der Sommer Aehren und der Herbst Trauben. Warum sollten wir die Blumen verachten, die unsere Sinne entzücken, das Brot, das uns erhält, und den Wein, der uns stärkt? Christus lehrt uns, Gott um unser tägliches Brot zu bitten. Bittet ihn auch um die Rosen jedes Frühlings und den Schatten jedes Sommer. Bittet ihn wenigstens um wahre Freundschaft für jedes Herz, um reine und wahre Liebe für jedes Wesen.

Es soll Gleichgewicht und keine Feindschaft sein zwischen Mann und Frau. Das Gesetz ihrer Vereinigung ist gegenseitige Hingabe. Die Frau soll den Mann durch ihren Reiz fesseln, und der Mann soll die Frau durch Intelligenz emporheben. Das ist das geistige Gleichgewicht, ohne das man in verhängnisvolle Selbstsucht verfällt.

Die Verleugnung der Frau durch den Mann entspricht der Erniedrigung des Mannes durch die Frau. Macht ihr aus der Frau eine käufliche Sache, dann überschätzt sie sich und ruiniert euch. Macht ihr ein Geschöpf aus Fleisch und Schmutz aus ihr, so verdirbt und beschmutzt sie euch.

Es soll Gleichgewicht und nicht Feindschaft herrschen zwischen Ordnung und Freiheit, Gehorsam und Menschenwürde.

Niemand hat ein Recht auf despotische und willkürliche Macht. Nein, niemand, selbst Gott nicht. Niemand ist unumschränkter Herr eines Andern. Der Hirte ist nicht der Herr seines Hundes. Das Gesetz der geistigen Welt ist Schutz; jene, die gehorchen müssen, gehorchen nur zu ihrem Wohl; man lenkt ihren Willen, aber man unterjocht ihn nicht; man kann seinen Willen binden, aber man veräußert ihn niemals.

König sein heißt sich aufopfern um die Rechte des Königs gegen das Volk zu schützen, und je mächtiger der König ist, um so wahrhaft freier ist das Volk. Denn Freiheit ohne Zucht ist die schlimmste Knechtschaft. Dann wird sie zur

Anarchie, das ist die Tyrannei aller im Kampf der Parteien. Wahre soziale Freiheit ist unumschränkte Herrschaft der Gerechtigkeit.

Das Leben des Menschen ist Abwechslung, abwechselnd wacht und schläft er, durch den Schlaf in das gemeinsame und universale Leben versenkt; er träumt seine persönliche Existenz ohne Zeit oder Raumbewußtsein zu haben. Im wachen Zustand dem individuellen und verantwortlichen Leben zurückgegeben, träumt er sein gesamtes und ewiges Dasein. Der Traum ist das Licht in der Nacht. In den religiösen Geheimnissen ist der Glaube der Schatten, der dem Tage im Grunde zukommt.

Die Ewigkeit des Menschen ist wahrscheinlich Wechsel wie sein Leben und muß aus Wachen und Schlafen bestehen. Er träumt, wenn er im Reich des Todes zu leben glaubt; er wacht, wenn er seine Unsterblichkeit fortlebt und sich an seine Träume zurückerinnert.

Gott schickte Adam den Schlaf, sagt die Genesis, und während seines Schlafes nahm er ihm die „Chavah", um ihm eine ihm ähnliche Hilfskraft zu geben — und Adam rief aus: „Das ist Fleisch von meinem Fleisch und Bein von meinem Bein."

Wir dürfen nicht vergessen, daß im vorhergehenden Kapitel der Verfasser des heiligen Buches erklärt, daß Adam männlich und weiblich erschaffen wurde: was ganz deutlich beweist, daß Adam nicht ein einzelnes Wesen, sondern an Stelle der ganzen Menschheit genommen ist. Was ist also dieses Chava oder Meva, das ihn während des Schlafes verläßt, um ihm als Hilfskraft zu dienen und ihn später dem Tode zu weihen? Ist es nicht dasselbe wie die Maja der Inder, die körperliche Schale, die irdische Gestalt, der Bundesgenosse und die Form des Geistes, die sich von ihm trennt, wovon er erwacht, was wir Tod nennen?

Wenn der Geist nach einem Tag des Universallebens einschläft, so schöpft er sein Chavah aus sich selbst; er spinnt sich ein, und seine Existenzen in der Zeit sind nur Träume, die ihn von der Arbeit der Ewigkeit ausruhen.

So steigt er nur während seines Schlafes die Leiter der Welten hinauf, und genießt während seiner Ewigkeit alles, was er an Erkenntnis und neuer Kraft erworben hat in seiner Vereinigung mit Maja, deren er sich bedienen soll ohne jemals ihr Sklave zu werden. Denn die triumphierende Maja würde einen Schleier über seine Seele werfen, den das Erwachen nicht mehr zerreißen würde. Weil er den Spuk geküßt hätte, würde er Gefahr laufen verrückt zu erwachen: das ist das wahre Mysterium des ewigen Lebens.

Wer ist beklagenswerter als die Wahnsinnigen? Indessen fühlt der größte Teil nicht einmal sein entsetzliches Unglück. Swedenborg wagte zu sagen, damit etwas gefährlich sei, müsse es uns nicht weniger rührend erscheinen. Er sagt, daß die Verworfenen die Schrecken der Hölle für ihre Schönheiten ansehen, die Finsternis für das Licht und ihre Qualen für Lust. Sie sind wie die Verurteilten des Orients, die man mit Betäubungsmitteln berauscht, ehe man sie dem Henker überliefert.

Gott kann sich den Schmerz nicht ersparen, die Schänder seines Gesetzes zu treffen, aber er findet, daß der ewige Tod genügt und will nicht den Schmerz hinzufügen. Da er die Peitsche der Furien nicht abwenden kann, macht er die Unglücklichen, die sie schlagen wollen, fühllos.

Wir können die Idee Swedenborgs nicht gelten lassen. weil wir nur an ein ewiges Leben glauben. Die verworfenen Idioten und Halluzinierten ergötzen sich in den krankhaften Schatten, sie pflücken Giftpilze, die sie für Blumen halten und scheinen uns unnütz gestraft, weil sie kein Bewußtsein ihrer Strafe haben. Diese Hölle, welche ein Krankenhaus für Verwöhnte wäre, ist weniger schön als jene von Dante: der Trichter des Abgrunds, der immer enger wird, je weiter man hinabsteigt, und der schließlich hinter den drei Köpfen der symbolischen Schlange in einem engen Pfad endigt, auf dem man sich nur umzuwenden braucht, um wieder zum Licht emporzusteigen.

Das ewige Leben ist die dauernde Bewegung, und für uns kann die Ewigkeit nichts sein als die Unendlichkeit der Zeit.

Nehmen wir an, die Glückseligkeit des Himmels bestände darin Hallelujah zu sagen, mit einem Palmenzweig in der Hand und einer Krone auf dem Kopf. Und nach fünfhundert Millionen Hallelujahs finge man wieder von vorne an, (ein schreckliches Glück!); aber schließlich wird man bei jedem Hallelujah eine Zahl anmerken können, eine wird vorausgehen, eine andere folgen, es wird zur Reihenfolge, wird Dauer haben, das ist dann Zeit; Zeit, weil es beginnen wird.

Die Ewigkeit hat keinen Anfang und kein Ende.

Eines ist gewiß, wir wissen nichts von den Mysterien des anderen Lebens, aber es ist auch gewiß, daß niemand von uns sich daran erinnert einen Anfang gehabt zu haben, und daß der Gedanke nicht mehr zu sein das Gefühl und die Vernunft in gleicher Weise zum Aufruhr bringt. Jesus Christus sagt, daß die Gerechten in den Himmel kommen werden, und er nennt den Himmel seines Vaters Haus; er versichert, daß es in diesem Haus unzählige Wohnungen gibt, diese Wohnungen sind augenscheinlich die Sterne. Die Idee, oder wenn man will die Hypothese von den auf den Sternen lebenden erneuerten Existenzen widerspricht nicht der Lehre Jesu Christi. Das Leben der Träume ist wesentlich vom wirklichen

Leben unterschieden; es hat seine Landschaften, seine Freunde und Erinnerungen; man hat dort Fähigkeiten, die ohne Zweifel anderen Gestalten und anderen Welten zugehören.

Man sieht dort geliebte Wesen, die man niemals auf dieser Welt gekannt hat, man findet hier die wieder, die gestorben sind, man schwebt in der Luft, geht auf dem Wasser, wie es in einer Umgebung geschieht, wo das Schwergewicht des Körpers weniger groß ist; man spricht unbekannte Sprachen und begegnet seltsam organisierten Wesen. Alles ist voller Rückerinnerungen, die sich nicht auf diese Welt beziehen; sollten es nicht unbestimmte Erinnerungen an unsere vorhergehende Existenz sein?

Bringt allein das Gehirn diese Träume hervor? Aber wenn es sie allein schafft, wer erfindet sie dann? Oft entsetzen und ermüden sie uns. Wer ist der Callot oder der Goya, der den Spuk erfindet?

Oft ist es uns, als begingen wir im Traume Verbrechen, und wir sind glücklich, daß wir uns beim Erwachen nichts vorzuwerfen haben. Sollte es ebenso mit unseren verhüllten Existenzen, mit unserem Schlaf unter der Hülle des Fleisches sein? Hat Nero, als er vom Schlafe auffuhr, ausrufen können: „Gott sei gelobt, ich habe meine Mutter nicht töten lassen"?

Und wird er sie lebendig und lächelnd neben sich gefunden haben, bereit ihm nun ihrerseits ihre eingebildeten Verbrechen und bösen Träume zu erzählen?

Das gegenwärtige Leben erscheint uns oft wie ein seltsamer Traum, und ist kaum vernünftiger als die Visionen des Schlafes; oft sieht man hier, was nicht sein sollte, und was geschehen müßte, geschieht nicht. Es scheint uns manchmal, als täusche die Natur, und als wehre sich die Vernunft unter einem entsetzlichen Ephiastes. Die

Dinge, die in diesem Leben voll Illusionen und falscher Hoffnungen geschehen, sind im Vergleich mit dem ewigen Leben sicher ebenso sinnlos wie die Visionen des Schlafes verglichen mit den Wirklichkeiten dieses Lebens.

Wir werfen uns im Erwachen nicht die im Traum begangenen Sünden vor. Und wenn es Verbrechen sind, so verlangt die Gesellschaft von uns keine Rechenschaft darüber. Es sei denn, daß wir sie im somnambulen Zustand verwirklicht hätten; wie wenn zum Beispiel ein Somnambule, der träumt, daß er seine Frau töte, ihr wirklich einen Todesstoß versetzt. So können unsere irdischen Irrtümer im Himmel infolge einer besonderen Erhebung ihren Widerhall finden, die den Menschen in der Ewigkeit leben läßt, ehe er die Erde verlassen hat. Es gibt Taten des gegenwärtigen Lebens, die die Religionen der ewigen Heiterkeit trüben können. Es gibt Sünden, die, wie man gewöhnlich sagt, die Engel weinen lassen. Das sind die Ungerechtigkeiten der Heiligen, sind die Verleumdungen, die sie bis zu dem erhabensten Wesen dringen lassen, wenn sie es als launischen Despoten der Geister und als unendlichen Folterer der Seelen darstellen. Als der heilige Dominikus und der heilige Pius V. ketzerische Christen in den Tod schickten, wurden diese Christen durch das Recht des vergossenen Blutes sicher Märtyrer und gingen in die große Gesamtheit des Himmels ein. Hier wurden sie ohne Zweifel in die Reihen der glückseligen Geister mit Rufen des Staunens und Mitleids aufgenommen, und die greulichen Somnambulen der Inquisition wären nicht entschuldigt, wenn sie die Faseleien ihrer Träume vor dem erhabenen Richter anführten.

Das menschliche Gewissen verderben, die Vernunft verleumden, die Weisen verfolgen, sich dem Fortschritt der Wissenschaft widersetzen, das sind die wahren Todsünden, die Sünden gegen den heiligen Geist, die weder in dieser noch in der anderen Welt vergeben werden können.

X. Kapitel.

Der Magnetismus des Bösen.

Ein einziger Geist erfüllt die Unendlichkeit: Gottes Geist, der nichts begrenzt oder teilt, der überall ein Ganzes ist und nirgends verborgen bleibt. Seine Geschöpfe, die Geister können nur in Hüllen leben, die ihrer Umgebung angepaßt sind, und ihre Taten verwirklichen, indem sie diese umgrenzen und davor bewahren sich im Unendlichen zu verlieren.

Laßt einen Tropfen Süßwasser ins Meer fallen, er wird darin vergehen, wenn er nicht durch eine undurchdringliche Hülle geschützt ist.

Es gibt keine hüllen- und gestaltlosen Geister; diese Gestalten sind abhängig von der Umgebung, in der sie leben, in unserer Atmosphäre können z. B. keine anderen leben, als die Geister der Menschen, mit Körpern, die wir an ihnen sehen, und die Geister der Tiere, deren Natur und Bestimmung wir noch nicht kennen.

Haben Sterne Seelen? Hat die Erde, die wir bewohnen, ein Bewußtsein und einen ihr eigenen Gedanken? Wir wissen es nicht, aber man kann die, die es haben annehmen wollen, eines Irrtums nicht überführen.

Man hat so gewisse Ausnahmeerscheinungen durch spontane Aeußerungen der Erdseele erklärt, und da man oft eine Art Feindschaft in diesen Aeußerungen bemerkt hat, hat man daraus geschlossen, daß die Erdseele mehrfach sei, daß sie sich in vier Elementarkräften enthülle, welche in zwei zusammengefaßt werden können und sich durch drei ausgleichen; dies eine der Rätsellösungen des großen Sphinx.

Nach den alten, eingeweihten Priestern ist der Stoff nur das „substratum" der geistigen Geschöpfe. Gott schöpft ihn nicht unmittelbar.

Von Gott strömen Kräfte aus, die Elohim, sie bilden Himmel und Erde; ihrer Lehre folgend, müßte man den ersten Satz der Genesis so verstehen: „Bereschith", das Haupt oder das erste Prinzip, „Bara" schöpfte „Elohim" die Kräfte, „Ouath a aretz" welche Himmel und Erde sind oder erschaffen. Wir geben zu, daß diese Uebersetzung uns logischer erscheint, als jene, die „Bara" in der Einzahl und „Elohim" im Nominativ der Mehrzahl wiedergibt.

Diese „Elohim" oder Kräfte bedeuteten die großen Weltseelen, deren Gestalten in ihre Elementar-Kräfte aufgelöste Substanz wären. Gott habe zur Welterschaffung vier Genien mit einander verbunden, die durch ihr Sträuben zuerst das Chaos geschaffen hätten, dann gezwungen sich nach dem Kampfe auszuruhen die Harmonie der Elemente bildeten. Da schloß die Erde das Feuer ein und schwoll an, um dem Uebertreten des Wassers zu entgehen. Die Luft entwich aus den Höhlen und hüllte Erde und Wasser ein; das Feuer aber kämpft noch heute gegen die Erde und zerfrißt sie, das Wasser wiederum bricht in die Erde ein und steigt in Wolken zum Himmel; die Luft ist erzürnt, und um die Wolken zu vertreiben, ruft sie Stürme und Unwetter hervor. Das große Gesetz des Gleichgewichts, der Wille Gottes verhindert, daß die Kämpfe die Welten vor der zu ihrer Verwandlung bestimmten Zeit zerstören.

Die Welten wie die Elohim sind durch magnetische Ketten miteinander verbunden, ihr Aufruhr sucht sie zu zerbrechen. Sonnen sind Nebenbuhler von Sonnen, und Planeten streiten gegen Planeten, indem sie den anziehenden Ketten eine gleich stark abstoßende Energie entgegensetzen um sich gegen das Einsaugen zu schützen, und ihr besonderes Dasein zu bewahren.

Diese riesenhafte Kräfte haben manchmal Gestalt angenommen und haben sich in der Erscheinung von Riesen dargestellt: das sind die Eggregoren des Buches Henoch; greuliche Geschöpfe, für die wir das sind, was für uns Infusorien oder mikroskopisch kleine Wesen sind, die zwischen unseren Zähnen und auf unserer Haut wimmeln. Die Eggregoren zermalmen uns mitleidlos, weil sie nichts von unserer Existenz wissen; sie sind zu groß uns zu sehen und zu beschränkt uns zu ahnen.

So erklären sich die völkerverschlingenden planetarischen Umwälzungen. Wir wissen nur zu wohl, daß Gott die unschuldige Fliege, der ein grausames, dummes Kind Füße und Flügel ausreißt, nicht rettet, und daß die Vorsehung sich nicht für einen Ameisenhaufen ins Mittel legt, dessen Bau ein Vorübergehender mit Füßen zerstört und durcheinanderwirft.

Der Mensch glaubt sich berechtigt anzunehmen, daß der ewigen Natur seine Existenz viel wertvoller ist als die der Milbe, weil ihre Organe seiner Analyse entgehen. Ach! Camoens hatte wahrscheinlich mehr Genie als der Eggregore Adamastor; aber konnte der wolkengekrönte Riese Adamastor, dessen Gürtel die Wogen und dessen Mantel die Windsbraut war, die Poesie Camoens' ahnen?

Die Auster schmeckt uns; wir nehmen an, daß sie kein Bewußtsein hat, daß sie infolgedessen nicht leidet und ohne Bedauern verschlucken wir sie ganz lebend. Wir werfen Krebse, Hummer und Langusten lebend in kochendes Wasser, weil sie durch diese Zubereitung festeres Fleisch und einen köstlicheren Geschmack bekommen.

Durch welch grausames Gesetz liefert Gott so die Schwachen den Starken und die Kleinen den Großen aus, ohne daß der Menschenfresser selbst eine Ahnung von den Qualen hätte, die er das erbärmliche Wesen, das er verschlingt, erdulden läßt.

Und wer gibt uns Gewißheit, daß irgend jemand unsere Verteidigung gegen stärkere und ebenso habgierige Wesen wie wir übernimmt? Die Sterne wirken aufeinander und wieder zurück; ihr Gleichgewicht wird durch Bande der Liebe und Anstrengungen des Hasses erhalten. Manchmal zerbricht der Widerstand eines Sternes und er wird von einer Sonne angezogen, die ihn verschlingt; manchmal fühlt ein anderer die Anziehungskraft in sich erlöschen, und er wird durch den Wirbel des Universums aus seiner Kreisbahn geschleudert. Liebende Sterne gebären neue Sterne. Der unbegrenzte Raum ist die große Stadt der Sonnen, sie halten Rat untereinander und senden sich gegenseitig Lichtbotschaften zu. Schwestern und Rivalinnen gibt es unter den Sternen. Die durch den Zwang ihrer regelmäßigen Bahnen aneinander geketteten Seelen der Sterne können dadurch ihre Freiheit ausüben, daß sie ihre Ausstrahlungen verändern. Wenn die Erde böse ist, macht sie die Menschen rasend und entfesselt auf ihrer Oberfläche Plagen. Dann sendet sie den Planeten, die sie nicht liebt, vergifteten Magnetismus. Diese aber rächen sich und schicken Krieg. Venus überschüttet sie mit dem Gift schlechter Sitten; Jupiter hetzt die Könige gegeneinander auf; Merkur entfesselt die Schlangen seines Stabes gegen die Menschen; der Mond macht sie wahnsinnig, und Saturn treibt sie in Verzweiflung. Diese Liebe und dieser Zorn der Sterne ist die Grundlage der jetzt vielleicht zu sehr verachteten Astrologie. Hat die Spektralanalyse von Bunsen nicht bewiesen, daß jeder Stern durch die besondere und eigentümliche metallische Grundlage eine bestimmte magnetische Kraft hat, und daß es am Himmel Stufenleitern der Anziehung wie Tonleitern der

Farbe gibt? Es können und bestehen sicher auch magnetische Einflüsse zwischen den Erdkugeln, die vielleicht dem Willen dieser Erdkugeln gehorchen, wenn man glaubt, daß sie mit Intelligenz begabt oder von Genien beherrscht werden, die die Alten Wächter des Himmels oder Eggregoren nannten.

Das Studium der Natur läßt uns Widersprüche entdecken, die uns in Erstaunen setzen. Ueberall begegnen wir Beweisen einer unendlichen Vernunft, oft aber müssen wir die Wirkung durchaus blinder Kraft erkennen. Die Plagen sind Unordnungen, die man nicht dem Prinzip der ewigen Ordnung zuschreiben kann. Pest, Ueberschwemmungen, Hungersnot sind nicht Einrichtungen Gottes. Schreibt man sie dem Teufel zu, das heißt einem verdammten Engel, dem Gott böse Werke erlaubt, so nimmt man einen heuchlerischen Gott an, der um Böses zu tun sich hinter einem verantwortlichen, verworfenen Ausführenden verbirgt. Woher kommen also die Unordnungen? Aus den Irrtümern der zweiten Ursachen. Wenn aber die zweiten Ursachen zu Irrtümern fähig sind, dann sind sie intelligent und selbständig; und nun sind wir mitten in der Lehre der Eggregoren.

Dieser Lehre zufolge hätten die Sterne kein Heilmittel für die Schmarotzer, die auf ihrer Oberfläche wuchern, und sie befaßten sich ausschließlich mit ihrem Haß und ihrer Liebe. Unsere Sonne, deren Flecken der Anfang von Erkaltung sind, wird langsam, aber verhängnisvoll vom Sternbild des Herkules unterjocht. Eines Tages wird ihr Licht und Wärme fehlen, denn die Sterne altern und müssen wie wir sterben. Sie wird dann nicht mehr die Kraft haben, die Planeten abzustoßen, welche mit Ungestüm an ihr zerbrechen werden, das wird das Ende unseres Universums sein. Aber ein neues Universum wird sich aus ihren Trümmern bilden. Eine neue Schöpfung wird aus dem Chaos hervorgehen, und wir werden in neuer Art wieder geboren, und fähig werden, mit mehr Vorteil gegen die stupide Größe der Eggregoren zu kämpfen. So wird es sein, bis der große Adam wieder hergestellt sein wird. Dieser Geist der Geister, diese Gestalt der Gestalten, dieser Sammel-Riese, der die ganze Schöpfung zusammenfaßt, dieser Adam, der nach den Kabbalisten die Sonne hinter seiner Ferse und die Sterne unter den Locken seines Bartes verbirgt, und der, wenn er gehen will, mit einem Fuß den Orient und mit dem andern den Okzident berührt.

Die Eggregoren sind die Enakim der Bibel, oder nach dem Buch des Henoch sind sie vielmehr deren Väter. Sie sind die Titanen der Fabel, und man findet sie in allen religiösen Ueberlieferungen.

Wenn sie sich bekämpfen, schleudern sie Meteorsteine in den Weltenraum, sie reiten rittlings auf Kometen und lassen Sternschnuppen und flammende Meteorsteine regnen. Die Luft wird ungesund, die Gewässer verfaulen, die Erde erzittert, und die Vulkane brechen rasend aus, wenn sie erzürnt oder krank sind. Manchmal sehen verspätete Bewohner der südlichen Täler in den Sommernächten mit Entsetzen die Umrisse eines ungeheuren unbeweglichen Mannes, der auf der Hochebene der Berge sitzt und seine Füße in einem einsamen See badet; sie eilen sich bekreuzigend vorüber und glauben Satanas gesehen zu haben, wenn sie nur dem gedachten Schatten eines Eggregoren begegnet sind.

Müßte man die Existenz dieser Eggregoren gelten lassen, dann wären sie bildende, wirkende Kräfte Gottes, lebendiges Räderwerk der schöpferischen Maschine, vielgestaltig wie Proteus, aber immer in ihrem elementaren Stoff gefesselt.

Sie wüßten die Geheimnisse, die uns die Unendlichkeit vorenthält, aber sie wüßten nichts von dem, was wir wissen. Die Beschwörungen der alten Magie wandten sich an sie, und die seltsamen Namen, die ihnen Persien oder Chaldäa gab, sind noch in den alten Zauberbüchern erhalten.

Die Araber, die in Dichtungen die alten Ueberlieferungen des Orients bewahrt haben, glauben noch an diese gigantischen Genien. Es gibt schwarze und weiße, die schwarzen sind ungesund und heißen Afriten. Mohammed hat diese Genien beibehalten und hat Engel aus ihnen gemacht, die so groß sind, daß der Wind ihrer Flügel die Welten in den Raum fegt. Wir gestehen, daß wir diese unendliche Menge vermittelnder Wesen, die uns Gott verbergen und ihn unnütz zu machen scheinen, nicht lieben. Wenn die Ringe der Geisterkette immer größer werden, je näher sie zu Gott emporsteigen, dann sehen wir nicht ein, warum die Kette aufhören soll, denn sie wird immer ins Unendliche sich fortsetzen, ohne ihn berühren zu können. Wir haben Milliarden Götter zu besiegen oder auf die Knie zu zwingen ohne jemals Freiheit oder Frieden erlangen zu können. Deshalb verwerfen wir endgültig und entschieden die Mythologie der Eggregoren.

Wir atmen tief auf und trocknen uns die Stirn wie ein Mann, der von einem schweren Traum erwacht. Wir betrachten den sternbesäten, aber von Phantomen freien Himmel und mit einer unsagbaren Erleichterung des Herzens wiederholen wir mit lauter Stimme die ersten Worte des Glaubenbekenntnisses von Nicäa: „Credo in unum Deum."

Im Sturze mit den Eggregoren und Afriten flammt Satan einen Augenblick am Himmel auf und verschwindet wie ein Blitz. Videbam Satanam sicut fulgra de coelo cadentem.

Die Riesen der Bibel sind in der Sündflut begraben worden. Die Titanen der Märchen wurden unter den Bergen zermalmt, die sie aufgetürmt hatten. Jupiter ist nur noch ein Stern und das ganze gigantische Blendwerk der alten Welt ist nur ein riesig schallendes Gelächter, welches bei Rabelais Gargantua heißt.

Gott selbst will nicht mehr, daß man ihn in Gestalt eines seltsamen Tempels darstelle. Er ist der Vater von Ebenmaß und Harmonie und verwirft die Maßlosigkeiten. Seine heiligen Zeichen sind das weiße, sanfte Gesicht des Lammes und der Taube, und er offenbart sich nur in der Gestalt eines kleinen Kindes im Arme der Mutter. Wie sehr ist die Symbolik der katholischen Kirche zu verehren, und wieviele verabscheuenswerte Priester haben sie verkannt.

Könnt ihr euch die Taube des Geistes der Nächstenliebe vorstellen, wie sie über dem dicken Rauch der Hinrichtungen schwebt, und die jungfräuliche Mutter, wie sie die Jüdinnen verbrennen sieht! Seht ihr unglückliche Leute fallen von den Kugeln der Zuaven des Jesus-Kindes und der aufgereihten Kanonen, die man um die Schatzkammer der Nachsicht gestellt hat?

Wer vermag aber die Geheimnisse der Vorsehung zu ergründen? Vielleicht werden alle Ketzer durch diese Irrungen der militärischen Gewalt freigesprochen, und wird die Sünde des Hirten zur Unschuld der Welt!

Ist der Papst übrigens nicht ein heiliger Priester, und glaubt er nicht seine Pflicht mit der ganzen Aufrichtigkeit seines Herzens zu tun? Der Geist des Widerspruchs und des Irrtums, der von Anbeginn an mörderische Geist der Lüge, der Teufel, der Magnetismus des Bösen, er ist der Schuldige.

Der Magnetismus des Bösen ist der verhängnisvolle Lauf der perversen Gewohnheiten, ist die zwitterhafte Synthese aller gierigen und listigen, von den bösartigsten Tieren genommenen Instinkte des Menschen, und in diesem philosophischen Sinn hat die Symbolik des Mittelalters den Dämon personifiziert.

Er hat Bock- oder Stier-Hörner, Augen einer Nachteule, eine Nase wie der Geierschnabel, einen Tigerrachen, Fledermausflügel, Harpyenkrallen, einen Nilpferdbauch. Was für ein Bild! selbst für einen gefallenen Engel! Und wie weit ist der erhabene König der Unterwelt, den Miltons Genie träumt, davon entfernt!

Der Satanas Miltons stellt nur den revolutionären Genius der Engländer unter einem Cromwell dar, aber der wahre Teufel ist immer jener der Kathedralen und Legenden.

Er ist geschickt wie der Affe, einschmeichelnd wie die Schlange, listig wie der Fuchs, heiter wie die junge Katze, feige wie der Wolf oder Schakal.

Er ist kriechend und schmeichelhaft wie der Diener, undankbar wie ein König und rachsüchtig wie ein schlechter Priester, gewissenlos und treulos wie eine galante Frau.

Die alten Zauberer sagen: Er ist ein Proteus, der alle Gestalten annimmt, nur nicht die des Lammes und der Taube. Bald ist er ein kleiner, schelmischer Page, der die Schleppe einer großen Dame trägt, bald ein mit Hermelinpelzen geschmückter Theologe, bald ein in Eisen gepanzerter Ritter. Der Ratgeber des Bösen gleitet überall hin, er verbirgt sich sogar im Schoße der Rosen. Manchmal hält er sich unter dem Chorrock des Priesters oder Kantors verborgen und streicht mit seinem schlecht versteckten Schweif über die Fließen der Kirche, er klammert sich an die Schnüre der Nonnengeißel und preßt sich zwischen die Seiten des Brevieres. Er heult im leeren

Beutel des Armen und ruft durch das Schlüsselloch des Geldschrankes ganz leise die Diebe. Sein wesentlicher und unauslöschlicher Charakter ist immer lächerlich zu sein, denn in der moralischen Ordnung ist er das dumme Tier und wird immer die Dummheit sein. Umsonst kann man Listen ersinnen, kombinieren, berechnen, Böses tun, immer fehlt der Geist.

Die Zauberer sagen, er habe zur Gewohnheit immer um etwas zu bitten; er ist mit einem Fetzen, einem Pantoffel, einem Strohhalm zufrieden. Wer versteht hierin nicht die Allegorie? Dem Bösen das Geringste gewähren, heißt das nicht mit ihm paktieren; ihn rufen, und sei es nur aus Neugierde, heißt das nicht unsere Seele ihm ausliefern? Die ganze teuflische Mythologie der Legendenschreiber ist voll Philosophie und Vernunft. Hochmut, Habgier, Neid sind nicht durch sich selbst Personen; aber sie personifizieren sich oft in den Menschen, und wem es gelingt den Teufel zu sehen, der spiegelt sich in seiner eigenen Verzerrung.

Der Teufel ist nie schön gewesen; er ist kein gefallener Engel, er ist von Geburt an verdammt, und Gott wird ihm niemals vergeben, denn für Gott existiert er nicht. Er besteht wie unsere Irrtümer, er ist Laster, Krankheit, Frucht, Wahnsinn und Lüge, er ist das Fieber im Krankenhaus der Vorhölle, wo kranke Seelen sich verzehren. Niemals hat er die heiligen Regionen des Himmels betreten, und folglich kann er auch nie vom Himmel gefallen sein.

Fort mit dem gottlosen Dualismus der Manichäer; fort mit diesem immer mächtigen, wenn auch niedergeschmetterten Mitbewerber Gottes, der ihm die Welt streitig macht! Fort mit dem verführerischen Diener der Kinder seines Herrn, der Gott gezwungen hat, selbst den Tod zu erdulden, um die Menschen loszukaufen, die der aufrührerische Engel zu seinen Sklaven gemacht hatte, und dem Gott dennoch die Mehrzahl derer überläßt, die er durch ein so unbegreifliches Opfer hat erretten wollen! Nieder mit dem letzten, dem gräßlichsten der Eggregoren! Gott allein ewiger Sieg und Ruhm!

Ewige Ehre dem erhabenen Dogma der Erlösung: Ehrfurcht allen Ueberlieferungen der universalen Kirche; es lebe der antike Symbolismus! Aber Gott schütze uns davor, ihn zu verstofflichen, dadurch, daß wir die methaphysischen Wesenheiten für wirkliche Personen und die Allegorien für Geschichten halten.

Kinder glauben gerne an Menschenfresser und Feen, und die große Menge braucht Lüge — ich weiß es; denn ich stütze mich dabei auf Ammen und Priester. Ich schreibe aber ein Buch der okkulten Philosophie, das weder von Kindern noch von geistesschwachen Menschen gelesen werden soll.

Es gibt Menschen, denen die Welt leer erscheinen würde, wäre sie nicht mit Hirngespinsten erfüllt.

Die Unendlichkeit des Himmels würde sie langweilen, wenn sie nicht mit Kobolden und Dämonen bevölkert wäre. Diese großen Kinder erinnern uns an die Fabel des guten La Fontaine, der ein Rüsseltier im Mond zu sehen glaubte und dabei eine zwischen den Gläsern des Fernrohres verborgene Maus betrachtete. Wir alle tragen unseren Versucher oder Teufel in uns, der aus unserem Temperament oder unseren Stimmungen entsteht: für die einen ein radschlagender Truthahn, für die andern ein mit den Zähnen grinsender Affe. Es ist die dumme Seite unserer Menschheit, der finstere Durchschlag unserer Seele, die Wildheit der durch Eitelkeit enger und falscher Gedanken erregten tierischen Instinkte, endlich Liebe zur Lüge bei den Geistern, die durch Feigheit oder Gleichgültigkeit an der Wahrheit verzweifeln.

Die vom Dämon Besessenen sind an Zahl so groß, daß sie das bilden, was Jesus die Welt nannte und deshalb sagte er zu seinen Aposteln: „Die Welt wird euch töten". Der Teufel tötet die, die ihm widerstehen; und seine Existenz dem Sieg der Wahrheit und der Gerechtigkeit weihen, heißt das Opfer seines Lebens bringen. In der Stadt der Bösen regiert das Laster und herrscht das Interesse des Lasters. Der Gerechte wird im voraus verdammt, man braucht ihn nicht zu richten; aber das ewige Leben gehört den Menschen des Herzens, die leiden und sterben können. Jesu ging Gutes ahnend vorüber, wußte, daß er dem Tode entgegenginge und sagte zu seinen Freunden: „Sehet, wir gehen hinauf nach Jerusalem, dort soll des Menschen Sohn dem Tode überliefert werden. Ich gebe mein Leben hin zum Opfer. Niemand nimmt es mir, ich lasse es, um es wieder zu erlangen. Wer mir nachfolgen will, der nehme im voraus das Kreuz der Uebeltäter auf sich und wandle auf meinen Spuren. Ihr alle, die ihr mich jetzt sehet, werdet mich bald nicht mehr sehen." Will er sich töten, sagten die Juden, als sie ihn so sprechen hörten. Aber sich von anderen töten lassen, heißt nicht sich selbst töten. Die Helden von Thermopylä wußten wohl, daß sie dort bis zum Letzten sterben würden, und ihr ruhmreicher Kampf war gewiß kein Selbstmord.

Sich selbst opfern ist kein Selbstmord. Als Regulus nach Karthago zurückkehrte, beging er da einen Selbstmord? Tötete Sokrates sich, als er sich nach einem Todes-Urteil weigerte, aus dem Gefängnis zu entfliehen? Cato, der lieber seine Eingeweide zerriß, als den Wahnsinn des Cäsar zu erdulden, war er ein erhabener Repubikaner. Wenn man dem verwundeten Soldaten, der auf dem Schlachtfeld fällt und als einzigste Waffe sein

Bajonett hat, sagt: „Die Waffen her"! so stößt er sich dieses Bajonett ins Herz und sagt: „Komm, hole sie" und er ist kein Selbstmörder, er ist ein Held, der seinem Schwur, zu siegen oder zu sterben, treu ist. Mr. de Beaurepaire brennt sich lieber das Gehirn aus, als eine schmachvolle Uebergabe zu unterschreiben, er begeht keinen Selbstmord, er opfert sich der Ehre!

Wenn man keinen Vertrag mit dem Bösen schließt, muß man es nicht fürchten; aber wenn man das Böse nicht fürchtet, darf man auch vor dem Tod keine Furcht haben; er hat nur über das Böse eine schreckliche Herrschaft. Der schwarze, schreckliche Tod, der Tod voll Todesangst und Entsetzen ist der Sohn des Teufels. Sie haben sich versprochen zusammen zu sterben; aber da sie Lügner sind, geben sie sich wechselseitig für ewig aus.

Wir sagten soeben, daß der Teufel lächerlich ist, und in unserer Geschichte der Magie, erklärten wir, daß er uns nicht zum Lachen bringt; und tatsächlich macht das Lächerliche keine Freude, wenn es häßlich ist, und wenn man das Gute liebt, kann man über das Böse nicht lachen.

Das fluidale, astrale Mittel das in allen Mythologien durch die Schlange dargestellt wird, ist der natürliche Versucher der Chavah oder der materiellen Form; diese Schlange war wie alle Wesen vor der Sünde Adams und Evas unschuldig. Der Teufel wird durch den ersten Ungehorsam geboren, er ist jener Schlangenkopf geworden, den der Fuß der Frau zertreten muß.

Die Schlange, das Symbol des großen fluidalen Einflusses kann ein heiliges Zeichen sein, wenn es den Magnetismus des Guten darstellt, wie die eherne Schlange des Moses. Es gibt zwei Schlangen am Stabe des Hermes.

Das magnetische Fluidum ist dem Willen der Geister unterworfen, die mit verschiedenen Kräften nach dem Grad ihrer Erregung oder ihres Gleichgewichtes ihn anziehen oder hervortreten lassen.

Man hat ihn auch Träger des Lichts oder Lucifer genannt, weil er die zerstreuende und spezialisierende Kraft des astralen Lichtes ist.

Man nennt ihn auch Engel der Finsternis, weil er der Bote der dunkeln und lichten Gedanken ist, und die Hebräer, die ihn Samael nennen, sagen, daß er doppelt ist: weiß und schwarz, beschnitten und unbeschnitten.

Die Allegorie ist hier ganz klar. Sicher glauben wir wie die Christen an die Unsterblichkeit der Seele; wie alle zivilisierten Völker glauben wir an Strafe und Belohnung, die unseren Werken gemäß sind. Wir glauben, daß die Geister im anderen Leben unglücklich und gequält sein können; wir lassen also die Möglichkeit der Existenz der Verworfenen gelten. Wir glauben, daß die Bande der Zuneigung durch den Tod nicht zerrissen, sondern im Gegenteil noch enger werden. Aber das gilt nur für die Gerechten. Die Schlechten können untereinander nur durch den Dunst des Hasses verkehren.

Der Magnetismus des Bösen kann also auch jenseits des Grabes Eindrücke aufnehmen, aber nur durch perverse Regungen der Lebenden; die Toten, die Gott straft, haben weder die Macht noch den wirksamen Willen Böses zu tun. Unter der Hand der Gerechtigkeit Gottes sündigt man nicht mehr, man sühnt.

Wir leugnen die Existenz eines mächtigen Genius einer Art schwarzen Gottes, eines düsteren Herrschers, der die Macht hat Böses zu tun, nachdem Gott ihn verdammt hat. König Satan ist für uns eine gottlose Fiktion, trotz aller ihrer Poesie und Größe in Milton's Dichtung. Der schuldigste aller gefallenen Geister muß tiefer als die anderen gefallen und fester durch die Gerechtigkeit

Gottes gefesselt sein. Die Galeere hat ohne Zweifel ihre Könige, die auf die verbrecherische Welt noch einen gewissen Einfluß ausüben, aber das liegt an der Unzulänglichkeit der Mittel für Ueberwachung und Unterdrückung, die vom menschlichen Gericht benutzt werden, und man betrügt die Gerechtigkeit Gottes nicht.

Im apokryphen Buch des Henoch liest man, daß die schwarzen Eggregoren Menschengestalt angenommen haben um die Töchter der Erde zu verführen und sie Riesen gebären zu lassen. Diese wahren Eggregoren, d. h. die Wächter der Nacht, an die wir so gerne glauben, sind die Sterne des Himmels mit ihren immer glänzenden Augen. Es sind die Engel, die die Sterne beherrschen und wie Hirten für die sie bewohnenden Seelen sind. Wir denken auch gerne, daß jedes Volk seinen Schutzengel und seinen Genius hat, der einer der Planeten unseres Weltsystems sein kann. Der Ueberlieferung der Kabbala zufolge, ist Michael, der Sonnenengel, des Volkes Gottes. Gabriel, der Engel des Mondes beschützt die Völker des Orients, welche den Halbmond auf ihrer Fahne tragen. Mars und Venus beherrschen zusammen Frankreich. Merkur ist der Genius von Holland und England, Saturn der Genius von Rußland. Das alles ist möglich, obgleich zweifelhaft und kann den Hypothesen der Astrologie oder den Einbildungen der epischen Dichtung dienen.

Die Herrschaft Gottes ist eine bewundernswürdige Herrschaft, wo alles durch die Herrschaft des Heiligen besteht und die Gesetzlosigkeit sich selbst zerstört. Wenn es in seinem Reiche Gefängnisse für die schuldigen Geister gibt, so ist Gott allein ihr Herr und läßt sie ohne Zweifel von guten und ernsten Engeln verwalten. Es ist den Verdammten nicht erlaubt, sich gegenseitig zu quälen. Sollte Gott weniger weise und weniger gut wie die Menschen sein? Und was würde man von einem irdischen Fürsten sagen, der einen Strassenräuber der schlimmsten Sorte zum Vorsteher seiner Gefängnisse machte und ihm erlaubte recht oft auszugehen, um seine Verbrechen fortzusetzen und den anständigen Leuten entsetzliche Beispiele und niederträchtige Ratschläge zu geben?

XI. Kapitel.

Verhängnisvolle Liebe.

Die Tiere sind von der Natur einem merkwürdigen Zustand unterworfen, der sie unwiderstehlich zur Fortpflanzung treibt und Brunst genannt wird. Nur der Mensch ist zu einem erhabenen Gefühl fähig, das ihn seine Gefährtin auswählen läßt, und das durch völlige Hingabe die Heftigkeit der Begierde mäßigt. Dieses Gefühl heißt Liebe. Bei den Tieren stürzt jedes Männchen wahllos auf alle Weibchen, und die Weibchen unterwerfen sich allen Männchen. Der Mann ist geschaffen, um eine einzige Frau zu lieben, und die der Achtung würdige Frau bewahrt sich für einen einzigen Mann.

Beim Mann wie bei der Frau verdient die Heftigkeit der Gefühle nicht den Namen Liebe: es ist etwas, das der Brunst der Tiere gleicht. Die ausschweifenden Männer und Frauen sind Tiere.

Die Liebe gibt dem Menschen die klare Erkenntnis vom Absoluten, weil er selbst absolut ist oder nicht. Die Liebe, die in einer großen Seele erwacht, ist sich offenbarende Ewigkeit.

Der Mann sieht in der geliebten Frau die Göttlichkeit der Mutter und betet sie an, und er schenkt sein Herz für immer der Jungfrau, die er mit der Würde der Mutter schmücken will.

Die Frau betet im geliebten Mann die fruchtbare Göttlichkeit an, die in ihr den Gegenstand aller ihrer Wünsche, das Ziel ihres Lebens, die Krone ihres Ehrgeizes erschaffen soll: das Kind!

Diese beiden Seelen sind nur eine, die durch eine dritte vollständig werden. Es ist ein Mensch in dreifacher Liebe wie Gott in drei Personen.

Unsere Intelligenz ist für die Wahrheit da und unser Herz für die Liebe. Deshalb sagte der hl. Augustinus mit Recht, indem er sich an Gott wandte: „Du hast uns für dich gemacht, Herr, und unser Herz ist unruhig bis es ruhet in dir“.

Der unendliche Gott kann von den Menschen nur mittelbar geliebt werden.

Er läßt sich lieben vom Mann in der Frau, von der Frau im Mann. Deshalb erfüllt uns die Ehre und das Glück geliebt zu werden mit göttlicher Größe und Güte.

Liebe heißt Unendlichkeit im Endlichen begreifen, Gott im Geschöpf gefunden haben. Geliebt werden heißt Gott darstellen, sein Bevollmächtigter bei einer Seele sein, um ihr das Paradies auf Erden zu schenken.

Seelen leben von Wahrheit und Liebe; ohne Liebe und Wahrheit leiden und verkümmern sie wie Körper ohne Licht und Wärme.

Was ist Wahrheit? fragte der Vertreter des Tiberius Jesus Christus voll Verachtung, und Tiberius hätte mit noch frecherer Verachtung und schärferer Ironie fragen können: Was ist Liebe?

Die Raserei nichts verstehen und glauben zu können, die Wut nicht lieben zu können, das ist die wahre Hölle, und wie viele Menschen, wie viele Frauen sind schon in diesem Leben den Qualen dieser entsetzlichen Verdammnis ausgeliefert.

Daher der leidenschaftliche Wahn für die Lüge, daher diese Liebeslügen, welche die Seele dem Verhängnis des Wahnsinns ausliefern; der Drang zu wissen immer enttäuscht durch das Unbekannte, der Drang zu lieben immer verraten durch die Ohnmacht des Herzens.

Don Juan jagt von Verbrechen zu Verbrechen auf der Suche nach Liebe und stirbt schließlich im Arm eines steinernen Standbilds. Verzweifelt am Nichts der Wissenschaft, ohne Glauben sucht Faust Zerstreuung und findet nur Reue, nachdem er das zu gläubige Gretchen verloren hat; Gretchen aber wird ihn retten, denn sie, das arme unschuldige Kind hat wahrhaft geliebt, und Gott kann nicht wollen, daß sie für immer von dem getrennt sei, den sie anbetet.

Wollt ihr die Geheimnisse der Liebe ergründen? Studiert die Geheimnisse der Eifersucht.

Eifersucht ist unzertrennlich von Liebe, denn Liebe ist ein vollkommenes Vorziehen welches Gegenseitigkeit verlangt, sie kann aber nicht bestehen ohne vollkommenes Vertrauen, das die alltägliche Eifersucht natürlich zu zerstören sucht. Die gewöhnliche Eifersucht ist ein egoistisches Gefühl, dessen gewöhnlichstes Ziel darin liegt Zärtlichkeit durch Haß zu ersetzen. Sie ist geheime Verleumdung des geliebten Wesens, Zweifel, der entehrt, oft Raserei, die so weit geht es zu mißhandeln und zu zerstören.

Beurteilt auch die Liebe nach ihren Werken: erhebt sie die Seele, dann flößt sie Hingabe und Heldentaten ein; ist sie nur auf die Vollkommenheit und das Glück des geliebten Mannes eifersüchtig, ist sie fähig sich für die Ehre und die Ruhe des Geliebten zu opfern, dann ist sie ein erhabenes und unsterbliches Gefühl; zerbricht sie aber den Mut, untergräbt sie den Willen, erniedrigt sie das Streben, läßt sie Pflichten verkennen, dann ist sie eine verhängnisvolle Leidenschaft; man muß sie überwinden oder umkommen.

Ist die Liebe rein, vollkommen, göttlich, erhaben, dann ist sie selbst die heiligste aller Pflichten. Wir bewundern Romeo und Julia trotz aller Vorurteile und aller Wut der Capulets und Montagues, und wir denken nicht, daß der Haß ihrer Familie Priamus und Thisbe für immer trennen mußten. Aber wir bewundern auch Jimena, die um den Tod des Cid bittet, um den ihres Vaters zu rächen; denn dadurch daß Jimena ihre Liebe opfert, wird sie selbst der Liebe würdig; sie fühlt wohl, wenn sie ihre Pflicht verrät, wird Rodrigo sie nicht mehr achten. Die Heldin zögert in ihrer Wahl zwischen dem Tod ihres Geliebten und der Schmach ihrer Liebe, und sie rechtfertigt jenes großes Wort Salomonis, daß die Liebe unbeugsamer ist wie die Hölle.

Wahre Liebe ist strahlende Offenbarung der Unsterblichkeit der Seele: das Ideal für den Mann ist fleckenlose Reinheit, für die Frau Edelmut ohne Schwäche; es hält viel auf die Unbescholtenheit seiner selbst und dieser Eifer ist so edel, daß er vorbildlicher Eifer genannt werden muß. Der ewige Traum der Liebe ist die unbefleckte Mutter. Und das in letzter Zeit von der Kirche bestimmte, aus dem Hohelied Salomos entnommene Dogma hat keine andere Offenbarung als die der Liebe.

Unreinheit ist Gemeinheit der Begierden; Männer, die alle Frauen begehren, Frauen, die alle Begierden der Männer lieben, kennen die wahre Liebe nicht und sind dessen nicht würdig. Koketterie ist Ausschweifung der weiblichen Eitelkeit. Schon ihr Name ist vom Tier genommen und erinnert an die herausfordernden Schritte der Hühner, die die Aufmerksamkeit des Hahnes auf sich ziehen wollen. Die Frau soll schön sein, aber sie soll nur verlangen dem zu gefallen, den sie liebt, oder den sie eines Tages lieben könnte.

Unbescholtene Schamhaftigkeit der Frau ist das erhabene Ideal des Mannes und ist Gegenstand seiner ursprünglichen Eifersucht. Zartgefühl und Hochherzigkeit des Mannes ist der innigste Traum der Frau und in diesem Ideal findet sie Ansporn oder Verzweiflung ihrer Liebe.

Ehe ist gesetzlich berechtigte Liebe. Eine Vernunftheirat ist eine hoffnungslose Ehe. Ein Mann und eine Frau kommen überein unter dem Schutz des Gesetzes Kinder zu zeugen. Haben sie sich noch nicht geliebt, so kann man hoffen, daß die Liebe mit der Vertraulichkeit und der Familie kommt; aber nicht immer gehorcht die Liebe den sozialen Ueberlieferungen, und wer ohne Liebe heiratet, vermählt sich oft mit der Wahrscheinlichkeit des Ehebruchs.

Die liebende Frau, die einen Mann heiratet, den sie nicht liebt, begeht eine Tat gegen die Natur. Julie de Volmar ist nicht zu entschuldigen, und ihr Gemahl ist selbst im Roman die unmögliche Figur; Saint-Preux müßte dieses undenkbare Paar verachten. Ein Mädchen, das sich hingegeben hat und sich zurückzieht, entehrt seine erste Liebe. Schweigend kommt man überein, daß es dem Ehepaar Handgeld gegeben hat. Es gibt ein Wesen, vor dem die dieses Namens würdige Frau niemals verzichten darf zu erröten, das ist der Mann, den sie ihrer ersten Liebe für würdig befunden hat.

Wir verstehen, daß ein beherzter Mann ein anständiges Mädchen heiratet und ihren guten Ruf wiederherstellt, wenn es verführt und dann verlassen worden ist. Aber nehmen wir an, ein Mädchen, das nicht mehr frei ist, gibt sich hin und dies unter dem Vorwand, ihr Vater drohe sie zu töten; oder aber seine Tochter vermutet, wenn sie ihm nicht gehorche, daß ihr Vater daran sterben wird, so erklären wir hier, daß Unfeinheit des Herzens schlecht durch Niedertracht oder nichtssagende Gefühlsduselei gerechtfertigt wird. Ein Vater, der davon spricht seine Tochter zu töten oder zu sterben, wenn sie anständig und edel handelt, ist kein Vater mehr, ist ein in seinem Despotismus wilder Egoist, den man mit vollem Recht tadelt oder flieht. Alles in allem ist die Julie Rousseaus ein angeblich anständiges Mädchen und verrät zwei Männer auf einmal. Ihr Vater ist ein Griesgram der zugleich seine Tochter und seinen Freund entehrt; Volmar ist ein Feigling und Saint-Preux ein Tropf. Als er erfahren hatte, daß Julie verheiratet war, durfte er sie nicht wiedersehen.

Eine Frau heiraten, die sich einem anderen gegeben hat, und die der andere nicht verlassen hat, heißt die Frau eines andern heiraten, eine nichtige Ehre vor Natur und Menschenwürde. Das hat Rousseau nicht verstanden. Ich lasse die abenteuerliche Heirat der Heldinnen von Henri Murger gelten, die aus dem Leben einen Karnevalspaß machen. Ich stimme jener der Julie nicht zu, da sie den Anspruch auf Ernst ihrer Liebe erhebt. Sein oder Nichtsein, das ist hier die Frage, wie Hamlet sagt; die Tugendhaftigkeit des menschlichen Wesens liegt in seinem Denken und in seiner Liebe.

Seine Meinung öffentlich verleugnen ohne von ihrer Falschheit überzeugt zu sein, ist Abtrünnigkeit des Geistes, Liebe verleugnen, obwohl man fühlt, daß sie besteht, ist solche des Herzens.

Liebe, die wechselt, ist Laune, die vorübergeht, und Liebe, über die man erröten muß, ist Verhängnis, dessen Joch man abschütteln muß.

Wenn Homer uns Odysseus, den Ueberwinder der Schlingen von Kalypso und Circe zeigt, wie er sich an den Mast eines Schiffes binden läßt, um dem köstlichen Gesang der Sirenen zu lauschen ohne nachzugeben, so ist er das wahre Vorbild des Weisen, der dem Betrug der verhängnisvollen Liebe entgeht. Odysseus gehört ganz der Penelope, die sich für ihn bewahrt, und das hochzeitliche Bett des Königs von Ithaka, dessen Säulen ewige Bäume sind, die mit ihren mächtigen Wurzeln in die Erde reichen, ist in dem manchmal freien Altertum das symbolische Denkmal der ehrenhaften und keuschen Liebe.

Wahre Liebe ist eine durch ein echtes Gefühl begründete, unbesiegliche Leidenschaft. Niemals kann sie mit der Pflicht in Widerspruch stehen, weil sie selbst die vollkommenste Pflicht wird;

ungerechte Leidenschaft aber führt zu verhängnisvoller Liebe, und ihr muß man widerstehen, müßte man auch leidend an ihr zugrund gehen.

Man könnte sagen, daß die verhängnisvolle Liebe der Fürst unter den Dämonen ist. Sie ist mit aller Macht ausgerüsteter Magnetismus des Bösen; nichts kann ihre Glut zähmen oder entwaffnen. Sie ist Fieber, Wahnsinn, rasender Schmerz. Man muß sich langsam verbrennen fühlen wie die Fackel des Atheisten, ohne daß jemand Mitleid mit uns hätte. Erinnerungen peinigen uns, betrogene Wünsche bringen uns zur Verzweiflung. Man erlabt sich am Tod, kostet ihn aus, liebt ihn: lieber noch sich hingeben und leiden als sterben. Wo ist ein Heilmittel für diese Leidenschaft? Wie heilt man die Wunden dieses giftigen Pfeiles?

Wer führt uns von den Verirrungen dieser Leidenschaft zurück?

Um von der verhängnisvollen Liebe zu gesunden, muß man die magnetische Kette zerreißen, dadurch daß man sich in andere Strömung wirft und die eine Elektrizität durch die entgegengesetzte neutralisiert.

Entfernt euch von dem geliebten Menschen: behaltet nicht, was euch an ihn erinnert, selbst die Kleider, in denen er euch gesehen hat. Übernehmt ermüdende und vielfältige Arbeit, seid niemals müßig noch träumerisch; erschöpft euch vor Müdigkeit am Tage um nachts tief zu schlafen; sucht einen Ehrgeiz oder ein Interesse zu befriedigen; um sie zu finden, steigt höher als eure Liebe. So werdet ihr Ruhe, wenn nicht Vergessenheit erlangen. Vermeiden müßt ihr vor allem die Einsamkeit, welche Traurigkeit und Träume nährt; es sei denn, man fühle sich zur Frömmigkeit hingezogen wie Luise de la Vallière und M. de Rancé und suche in freiwilliger Folter des Körpers Beruhigung der Seelenqualen.

Vor allem muß man daran denken: das Absolute der menschlichen Gefühle ist ein Ideal, das nie auf Erden verwirklicht werden kann. Alle Schönheit vergeht und alles Leben versiegt; alles geht schließlich mit einer Schnelligkeit vorüber, die einem Zauber ähnelt; die schöne Helena ist ein alter zahnloser Kopf geworden, dann ein wenig Staub — dann — nichts — — —

Jede Liebe, die man nicht gestehen kann oder darf, ist verhängnisvoll. Außerhalb des Gesetzes von Natur oder Gesellschaft hat keine Leidenschaft Berechtigung, man muß sie zum Nichts verwerfen von ihrer Wurzel an, indem man sie mit folgendem Grundsatz erstickt: Was nicht sein darf, ist nicht. Nichts kann jemals weder Blutschande noch Ehebruch entschuldigen. Es ist die Schande, deren Name keusche Ohren fürchten und deren Existenz einfache und reine Seelen nicht gelten lassen können. Eine Tat, welche die Vernunft nicht rechtfertigt, ist nicht menschenwürdig; sie ist Bestialität und Torheit. Aus einem solchen Sturz muß man sich erheben und reinigen, um keine Schandflecken zu tragen. Es ist ein schändliches Benehmen, das der Anstand verbergen muß, und die durch magnetischen Anhauch gereinigte Moral nie gelten lassen darf, selbst nicht um es zu strafen. Seht Jesus bei der Ehebrecherin, er hört nicht auf jene, welche sie beschuldigen, er sieht sie nicht an, um ihr Erröten nicht zu sehen, und auf das Drängen sie zu richten, antwortet er mit jenem großen Wort, das alle von menschlicher Gerechtigkeit auferlegten Strafen unterdrücken müßte, wenn es nicht sagen wollte, daß gewisse Taten vor der Schamhaftigkeit des Gesetzes unbekannt und geradezu ungesehen bleiben sollten: „Stehe auf und versuche fortan nicht mehr zu sündigen".

Das sagte der erhabene Meister der Unglücklichen, deren Ankläger er nicht hören wollte.

Jesus duldet keinen Ehebruch, er nennt ihn Buhlerei, und den Mann ermächtigt er, seine Frau. zur Strafe von sich zu stoßen.

Die Frau hat ihrerseits das Recht, einen Mann zu verlassen, der sie betrügt. Hat sie keine Kinder, so wird sie frei von der Natur. Wenn sie aber Mutter ist, verliert sie alle Rechte auf die Kinder ihres Gemahls, wenn er nicht nachweislich ehrlos ist. Verzichtet sie auf ihn, dann verzichtet sie auf ihre Kinder; und wenn sie nicht den traurigen Mut hat sie zu verlassen und in ihren Augen gebrandmarkt zu sein, muß sie das Heldentum des mütterlichen Opfers auf sich nehmen, in der Ehe Witwe bleiben und die Schmerzen der Frau durch die Hingabe der Mutter stillen.

Die Weibchen der Vögel verlassen niemals ihr Nest, so lange die Kleinen keine Flügel haben, warum sollten die Frauen weniger gute Mütter sein als die Vogelweibchen?

Das vollkommene Ideal in der Liebe vergöttert in mancher Weise das Menschengeschlecht, und dieses Ideal verlangt Einheit der Liebe. Der schöne Traum des Christentums ist das Leben der schönen Seelen. Um sich niemals durch die Gemeinschaften in der alten Welt zu erniedrigen, sind soviel liebende Herzen in die Klöster gegangen um dort in ewiger Sehnsucht zu leben und zu sterben: ein manchmal erhabener, immer bedauerlicher Irrtum. Sollen wir nicht mehr leben wollen, weil wir nicht unsterblich sind? Nicht mehr essen, weil die Speise der Seele über die des Körpers geht? Nicht mehr gehen, weil wir keine Flügel haben?

Glücklich ist der edle Hidalgo Don Quichotte, der Dulcinea anzubeten glaubt, wenn er die großen, schlecht beschuhten Füße einer Tobosoner Bäuerin umarmt!

Die Heloise von Rousseau, die wir eben vom

Standpunkt der absoluten Liebe aus so scharf verurteilten, ist darum nicht weniger eine köstliche Schöpfung und um so wahrer, je fehlerhafter sie ist, da sie in einem wahrhaft menschlichen Roman alle Widersprüche und Schwächen widergibt, die aus Rousseau mit der Erinnerung eines alten Lakaien den Don Quichotte der Tugend machten. Nach seinem vergeblichen Versuch Mme de Warens festzuhalten, auf die er eifersüchtig war, nachdem er sie selbst wegen Mme de Larnage vergessen und Mme de Houdetot, die einen andern liebte, angebetet hatte, heiratete er sein Dienstmädchen. Und wenn es wahr ist, daß der arme, liebe Mann aus Kummer darüber starb, daß er bei Therese Untreue entdeckte, dann muß man ihn bewundern und beklagen. Sein Herz war für die Liebe geschaffen.

Für ein der Liebe würdiges Herz gibt es nur eine Frau, aber diese Frau, diese Gottheit der Erde offenbart sich manchmal in mehreren Wesen, wie die Gottheit des Himmels und ihre Inkarnationen oft zahlreicher sind als die Avatars des Vischnu. Selig die Gläubigen, die niemals mutlos werden, und im Winter sehnend die Rückkehr der Schwalben erwarten.

Die Sonne glänzt im Wassertropfen: ein Diamant, eine Welt. Glücklich wer beim Vertrocknen des Wassertropfens nicht glaubt, die Sonne verschwinde. Alle vergänglichen Schönheiten sind nur flüchtige Spiegelungen der ewigen Schönheit, des einzigen Gegenstandes unserer Liebe. Ich möchte Adleraugen haben und zur Sonne emporfliegen; wenn die Sonne aber im Glanz des Tautropfens zu mir kommt, dann werde ich der Natur dafür danken, und werde mich über das Schwinden des Diamanten nicht zu sehr grämen. Ach, für dieses flatterhafte Geschöpf, das mich nicht mehr liebt, für den Durst ihres Herzens nach einem Ideal war auch ich nur ein Wassertropfen. Soll ich sie beschuldigen und verfluchen, weil ich ihren Augen zur gebrochenen Träne wurde, in der sie die Sonne nicht mehr sehen kann?

Kapitel XII.

Die schöpferische Allmacht.

Das erhabene Blatt, das mit der Genesis beginnt, ist nicht die Geschichte einer einmalig vollbrachten Tat, es ist die Offenbarung des schöpferischen Gesetzes und des allmählichen Aufblühens im Sein.

Die sechs Tage des Moses sind sechs Lichter, deren Glanz der Septernar ist. Es ist die Genealogie der Ideen, die Gestalt gewinnen in der Ordnung der ewigen symbolischen Zahl.

Am ersten Tag offenbart sich die Einheit der ersten Substanz, die als Licht und Leben aus den Schatten des Unbekannten hervorgeht.

Am zweiten Tag werden jene zwei Kräfte, die das Firmament oder die Befestigung der Sterne bilden.

Am dritten Tag bringt die Trennung und Vereinigung der entgegengesetzten Elemente die Fruchtbarkeit der Erde hervor.

Am vierten befestigt Moses den Quaternar, der am Himmel durch die vier Himmelsrichtungen in die Kreisbewegung der Erde und Sterne eingezeichnet ist.

Am fünften erscheint der Herr der Elemente, die lebendige Seele.

Der sechste Tag sieht den Menschen werden mit seinen Bundesgenossen, den Tieren.

Am siebenten Tag ist alles in Gang; der Mensch handelt und Gott scheint zu ruhen.

Die angeblichen Tage des Moses sind die aufeinanderfolgenden Lichter, die von den kabbalistischen Zahlen auf die großen Gesetze der Natur übertragen werden, wobei die Zahl der Tage nur die Offenbarung ist. Es ist eher die Entstehung der Wissenschaft als die der Welt. Diese Entstehung muß sich im Geiste eines jeden Menschen wiederholen, der sucht und denkt. Sie beginnt mit der Bejahung des sichtbaren Seins und endigt durch die allmähliche Einsicht der Wissenschaft in die Ruhe des Geistes im Glauben.

Nehmen wir einen Mann an, der im Nichts des Skeptizismus lebt, oder systematisch im Zweifel Descartes beharrt: „Ich denke, also bin ich," läßt Descartes ihn sagen. Wir wollen nicht so schnell vorwärts gehen und ihn fragen: fühlst du, daß du existierst?

— „Ich glaube zu sein", wird der Skeptiker antworten; und so wird sein erstes Wort ein Wort des Glaubens sein.

— „Ich glaube zu sein, denn es scheint mir, daß ich denke."

Wenn ihr etwas glaubt, und wenn euch etwas erscheint, dann seid ihr. Es *ist* also etwas, das Sein existiert; für euch ist aber alles Chaos, nichts hat sich in Harmonie offenbart, und euer Geist schwankt im Zweifel wie über Wassern.

Es scheint euch, daß ihr denkt. Wagt es in klarerer und kühner Form zu bestätigen. Ihr werdet es wagen, wenn ihr wollt. Der Gedanke ist das Licht der Seelen. Kämpft nicht gegen die göttliche Erscheinung, die sich in euch vollzieht. Oeffnet eure innere Augen. Sagt, es werde Licht, und es wird für euch Licht werden. Bei absolutem Zweifel ist der Gedanke unmöglich, laßt ihr ihn doch gelten, so bezeugt euch die Wahrheit. Ihr müßt sie übrigens schon gelten lassen, da ihr das Sein nicht leugnen könnt. Die Wahrheit ist Bejahung des Seienden, und gegen euch wird man sie wohl unterscheiden müssen von dem Nichtseienden oder der Verneinung des Seienden, den beiden Formen des Irrtums.

Doch wir wollen uns in der uns umgebenden Finsternis sammeln! Eure intellektuelle Schöpfung hat soeben ihren ersten Tag vollendet! Laßt uns zu einem neuen Morgenrot erwachen.

Das Sein existiert und das Sein denkt. Wahrheit ist, Wirklichkeit wird bejaht, Urteil wird gefördert, Vernunft bildet sich und Gerechtigkeit ist notwendig.

Nun gebt zu, daß im Sein das Leben ist. Dafür habt ihr keine Beweise nötig. Gehorcht eurem innersten Sinn und gebietet euren Sophismen. Sagt: „Ich will, daß es für mich sei"; und es wird für euch sein; denn schon unabhängig von euch, muß es sein, und ist es. Nun beweist sich das Leben durch Bewegung, Bewegung vollzieht und erhält sich durch Gleichgewicht. Gleichgewicht in der Bewegung ist Teilung, relative Gleichheit in abwechselnd und der Kraft entgegengesetzten Impulsen. Es gibt also Teilung sowie entgegengesetzte und abwechselnde Richtung in der Kraft. Substanz existiert, wie es der erste Tag gezeigt. Die Kraft ist doppelt, offenbar durch das zweite Licht. Diese doppelte, in ihrem Antrieb wechselseitige und abwechselnde Kraft bildet das Firmament oder die universale Befestigung alles dessen, was sich nach den Gesetzen des universalen Gleichgewichts bewegt. Ihr seht diese beiden Kräfte in der ganzen Natur arbeiten. Sie stoßen ab und ziehen an, sammeln und zerstreuen. Ihr fühlt es in euch, denn ihr habt das Bedürfnis anzuziehen und auszustrahlen, zu erwerben und zu verbreiten. Die blinden Instinkte werden durch die Vorsicht der Intelligenz in euch ausgeglichen. Da ihr dies nicht leugnen könnt, so bestätigt es und sagt: ich will, daß in mir Gleichgewicht sei; und die Ausgeglichenheit wird in euch sein. Das ist euer zweiter Tag, es ist die Offenbarung des Binar.

Unterscheidet nun diese Kräfte, um sie zu gegenseitiger Befruchtung besser vereinigen zu können; tränkt die dürre Erde der Wissenschaft mit dem lebendigen Wasser der Liebe. Die Erde „ist das Wissen, das man bearbeitet, das sich maßvoll darstellt“; der Glaube ist endlos wie das Meer. Stemmt euch gegen seine Fluten; aber ihr verhindert nicht, daß seine Wolken sich erheben und den Regen auf das Land gießen. Dann wird die Erde befruchtet werden, das dürre Wissen wird grünen und blühen. Weh denen, die das Wasser des Himmels fürchten und die Erde unter einem ehernen Schleier verbergen möchten. Laßt ewige Hoffnungen Wurzel schlagen, laßt den naiven Glauben blühen und die großen Bäume gedeihen. Symbole wachsen wie Cedern, werden stark wie Eichen und tragen in sich selbst den Samen, der sie vermehrt. Die Liebe hat sich in der Natur durch Harmonie offenbart, der heilige Triangel läßt sein Licht erglänzen, die Zahl drei vollendet die Göttlichkeit entweder in deinem Ideal oder im transcendentalen Bewußtsein deiner selbst. Deine Intelligenz ist Mutter geworden, weil sie vom Genius des Glaubens befruchtet wurde. Verweilen wir hier, denn das Wunder des Lichtes genügt für den Ruhm des dritten Tages.

Erhebe nun die Augen und betrachte den Himmel. Sieh den Glanz und die Regelmäßigkeit der Sterne. Nimm Kompaß und Teleskop des Astronomen und steige von Wunder zu Wunder, berechne die Rückkehr der Planeten und den Abstand der Sonnen: alles bewegt sich nach den Gesetzen einer bewundernswerten göttlichen Herrschaft. Diese ganze Unermeßlichkeit voller Welten absorbiert und übertrifft alle Anstrengungen der menschlichen Intelligenz. Ist sie also unverständig? Es ist wahr, die Sonnen gehen nicht dorthin, wohin sie wollen; und die Planeten verlassen ihre Bahn nicht. Der Himmel ist eine unermeßliche Maschine, die vielleicht nicht denkt, die den Gedanken aber gewiß offenbart und erhält. Die vier Himmelsrichtungen, Tag und Nachtgleiche, Sonnenwende, Orient und Okzident, Zenith und Nadir stehen wie Schildwachen auf ihrem Posten und geben uns ein Rätsel auf: Die Buchstaben des Namens Jehova oder die vier elementaren und symbolischen Gestalten der alten Sphynx Thebens. Ehe du lesen lernst, wage zu glauben und zu behaupten, daß in der Schrift des Himmels ein Sinn verborgen liege, daß die Ordnung einen weisen Willen offenbare! Wenn dann die Natur in deinen Augen nur noch eine Maschine ist, unfähig von selbst zu laufen, wenn du an der unabhängigen Hebelkraft zweifelst, dann schließe die Augen und ruhe dich von der Ermüdung des vierten Tages aus.

Die summende Fliege tummelt sich und ruht, wo es ihr einfällt; der Wurm, der nach Belieben am feuchten Ufer entlang kriecht, hat etwas Ueberraschenderes als die Sonnen, denn er ist autonom und bewegt sich nicht wie das Räderwerk eines schicksalhaften Mechanismus. Der Fisch ist frei und ergötzt sich in den Wellen, er steigt empor, um an der Oberfläche seine Nahrung zu suchen. Ein Lärm erschreckt ihn, er zuckt und entflieht in den Sumpf, indem er das sprudelnde Wasser zurückstößt. Der Vogel durchschneidet die Luft nach seinem Willen, wählt für sein Nest Baum oder Mauer, setzt sich und singt, sucht welke Blätter und Gräser und drängt auf das Werden seiner Jungen. Denkt er selbst oder denkt ein anderer für ihn? Du zweifelst an der Intelligenz der Welten, würdest du an der der Vögel zweifeln? Wenn die Vögel unter einem versklavten Himmel frei sind, wem gehorcht dann der Himmel, wenn nicht dem, der den Vögeln die Freiheit gibt? Aber der Himmel ist kein Sklave, er ist wunderbaren Gesetzen unterworfen, die du verstehen kannst, und denen die Sonnen gehorchen, ohne ihre Kenntnis nötig zu haben. Du hast die Intelligenz des Himmels und bist selbst unermeßlicher als dieser. Bist du der Schöpfer und Ordner der Welten? Nein, dieser Schöpfer ist ohne Zweifel ein anderer, aber du bist der Vertraute und in gewisser Weise der Beistand. Verleugne deinen Herrn nicht, das hieße sich selbst verleugnen, du Kind des Copernikus und Galilei. Mit ihnen kannst du den Himmel des Wissens schöpfen. Du Kind des unbekannten Schöpfers des Universums, betrachte diese Tausende, die in der Unendlichkeit leben, beuge dich vor der beherrschenden Intelligenz deines Vaters.

Der Stern der Intelligenz, der Herrin der Kräfte, der Stern mit fünf Strahlen, das Pentagramm der Kabbalisten und der Mikrokosmos der Pythagoräer erscheint am fünften Tage. Du weißt jetzt, daß der Stoff sich nicht bewegen kann, ohne daß der Geist ihn lenke und du verlangst Ordnung in der Bewegung; Mensch, du wirst verstehen und du wirst dazu beitragen sie zu erschaffen.

Nun erscheinen Formen für alle Kräfte der Natur, die von der erhabenen Autonomie dazu getrieben werden selbst autonom und lebendig zu werden. Alle diese Kräfte haben sich unterworfen und sind entsprechende Bilder deines Denkens. Höre den Löwen brüllen, und du wirst das Echo deines Zornes hören. Das Rüsseltier und der Elefant verhöhnen deinen schwülstigen Hochmut. Willst du ihnen gleichen, du, ihr Herr? Nein, man muß sie zähmen und sie unserem Gebrauch dienstbar machen. Um ihnen aber deine Macht aufzuzwingen, mußt du erst in dir selbst die Laster zähmen, von denen mehrere auch unter ihnen herrschen.

Wenn du gefräßig bist wie das Schwein, lüstern wie der Bock, wild wie der Wolf oder diebisch wie der Fuchs, dann bist du nur ein Tier unter der Maske eines Menschengesichts. König der Tiere, erhebe dich in deiner Würde, und aus deiner Würde wollen wir den Menschen schaffen. Sage: ich will ein Mensch sein; und du wirst werden, was du sein willst, denn Gott will, daß du ein Mensch wirst, aber er wartet auf deine Einwilligung, weil er dich frei erschaffen hat. Und warum? Weil jeder Fürst von seinen Pairs freudig begrüßt und angefleht werden soll. Die Freiheit allein kann die göttliche Macht verstehen und ehren. Gott hat die große Würde des Menschen nötig, damit der Mensch Gott gebührend verehren kann.

Der Okkultismus in Gott ist ebenso notwendig wie der des Wissens. Wenn Gott sich allen Menschen gleich offensichtlich und unwiderleglich offenbaren wollte, dann würde das Dogma der ewigen Hölle in seiner ganzen Furchtbarkeit herrschen. Die menschlichen Verbrechen hätten keine Hemmnisse mehr.

Die Menschen würden gezwungen, Gutes zu tun oder für immer zu verderben, das kann Gott nicht wollen und will es nicht. Das Dogma muß vollständig bleiben, und das Erbarmen seine unermeßliche Freiheit wahren.

Gott hat — um ihn mit den großen Kabbalisten und der Bibel zu personifizieren — zwei Hände: eine zum Strafen, die andere zum Aufrichten und Segnen.

Die erste ist durch Unwissenheit und Schwachheit des Menschen gebunden. Die andere will immer frei sein, und deshalb achtet Gott immer unsere Freiheit, indem er uns nie zum Glauben zwingt.

Der Gang des von Gott losgelösten Geistes ist rasend schnell. Kulte ohne Bindungen verfallen der Philosophie, die sich im Materialismus selbst vernichtet. Die einzig feststehende Religion, die sprechen kann: „non possumus“ wird immer etwas vermögen; denn sie besitzt die Kette der Lehre, die tatsächliche Wirksamkeit der Sakramente, die

Magie des Kultes, die priesterliche Gesetzmäßigkeit und wunderwirkende Macht des Wortes. Sie kann also Atheismus und Materialismus ruhig treiben lassen. Es sind zwei entfesselte Höllenhunde zum Schutze ihrer Pforten, die all ihre Feinde verschlingen werden.

Viele meiner Leser werden mich des Widerspruchs zeihen, werden nicht verstehen, daß ich, mit einer Hand den Altar des Katholizismus schützend mit der andern rücksichtslos alle unter seinem Namen entstandenen und noch entstehenden Irrtümer und Mißbräuche aufdecke. Blinde Katholiken erschrecken über meine kühnen Darlegungen, und die angeblich freien Denker ärgern sich über meine sogenannte Schwäche für eine Religion, die sie gestürzt glauben, weil sie dieselbe verlassen haben. Ich mißfalle in gleicher Weise den Christen Veuillots wie den Philosophen Proudhons. Das wundert mich nicht, da ich darauf gefaßt war. Ich gräme mich nicht darüber und will nicht einmal sagen, daß ich mich dessen rühme. Ich möchte lieber allen gefallen, weil ich alle Menschen aufrichtig liebe. Stehen jedoch Wahrheit und die Achtung selbst meiner besten Freunde zur Wahl, so werde ich immer auf Seiten der Wahrheit stehen.

Man sagt, die römische Kirche sei nur noch ein Schatten, ein Geist, der in die Vergangenheit schaut und nur rückwärts gehen kann. Und doch beklagt man sich täglich über ihre Eingriffe. Sie bemächtigt sich der Kinder, der Frauen, reißt die Besitztümer an sich, hindert die Könige, hemmt die Bewegung der Völker und zwingt sogar das Volk der jüdischen Bankiers und Frankreichs voltairisches Blut in ihre Dienste.

Diese von so vielen Aerzten aufgegebene Kranke spottet über die Pillen Sganarellas und will nicht sterben. Denn trotz der großen Denker und Schönredner hat sie die Schlüssel zum ewigen Leben. Man ahnt, daß mit ihrem Untergang Gott sich uns für immer entzieht und die Unsterblichkeit der Seele entflieht.

Es ist eine tiefe, paradox scheinende Wahrheit: alle ketzerischen christlichen Kulte leben nur von der erhabenen Hartnäckigkeit des radikalen Katholizismus. Ich frage nur, gegen wen würde Luther und Calvin protestieren, wenn der Papst nachgäbe und den Lutheranern oder Calvinisten eine Blöße gäbe? Wenn der Papst im Prinzip Gewissensfreiheit zuläßt, erklärt er damit, daß seine Wahrheit ihm selbst zweifelhaft erscheint. Für ihn ist sie nicht Wahrheit eines Systems, einer Lehre, einer religiösen Phantasie, sondern die Wahrheit einer gläubigen Menschheit, eines Hermes und Moses, die Jesu Christi, des hl. Paulus, hl. Augustin, eines Fénelon und Bossuet, die alle größere Denker und Männer waren wie Proudhon. Dr. Garnier, der Skeptiker Girardin und die großen Nihilisten Tartempion oder Jean Bonhomme. Versteht ihr wohl.....?

Nein, der Papst darf nicht sagen, daß wir in Sachen der Religion die Freiheit haben zu denken, was uns gut dünkt. Das wäre eine seltsame Auffassung von Freiheit, wenn man das höchste Oberhaupt einer absoluten Kirche zur Toleranz zwingen wollte, wenn diese Toleranz unbedingt die Vernichtung seiner Autorität bedeutete. Nicht Toleranz, sondern Nachsicht schuldet der Vertreter Jesu Christi den Menschen und ihren Irrungen. Die Kirche ist die Nächstenliebe: alle Gegner der Nächstenliebe stehen gegen sie. Sie hat nur durch Nächstenliebe Bestand und Fortdauer. Durch das andauernde Wunder ihrer guten Werke muß sie ihre Göttlichkeit auf Erden beweisen.

Um ihre Herrschaft auf Erden zu befestigen, darf sie keine Zuaven anwerben, aber sie kann Heilige erschaffen. Hat sie jemals jenes große

Wort des Meisters vergessen können: „Suchet erst das Reich Gottes und seine Gerechtigkeit, dann wird euch solches alles gegeben werden."

XIII. Kapitel.

Faszination.

Die Kirche verwirft die Magie und muß sie verdammen, weil sie hierüber allein das Recht hat.

Sie muß sich der okkulten Kräfte, die die alten Magier zur Unterwerfung und Täuschung der großen Menge benutzten, bedienen, um die Geister nach und nach aufzuklären und für die Befreiung der Seelen durch Hierarchie und Moralität zu arbeiten.

Sie muß es bei Todesstrafe, jedoch haben wir schon gesagt, daß sie unsterblich ist und der scheinbare Tod für sie nur ein Werk der Wiedergeburt und der Verwandlung sein kann.

Unter den Kräften, über die sie verfügt, von denen sie im Guten oder im Bösen Gebrauch machen kann, muß die Kraft der Faszination an erster Stelle genannt werden.

Faszinieren nennt man: durch Steigerung der Einbildung und Halluzination der Sinne Unmögliches glauben, Unsichtbares sichtbar und Unfühlbares fühlbar machen und sich der intellektuellen Freiheit jener, die man willkürlich fesselt und befreit, bemächtigen.

Faszination ist immer das Ergebnis eines Zaubers.

Zauber ist In-Szene-setzen von Macht, wenn er nicht Lüge ist.

Wenn Moses die zehn Gebote verkünden will, sucht er sich den schroffsten Berg der Wüste aus, umgibt ihn mit Pfählen, die niemand überschreiten kann, ohne getötet zu werden. Unter Trompetenschall steigt er hinauf, um von Angesicht zu Angesicht mit Adonai zu sprechen, und als es Abend wird, raucht der ganze Berg und alles wird mit furchtbarem Feuerwerk erleuchtet. Das

Volk zittert und fällt auf die Knie, es glaubt zu fühlen, wie die Erde bebt. Es glaubt die Felsen sich bäumen wie Widder und die Hügel wogen wie Herden. Als der Vulkan dann erlöscht, der Donner aufhört und der Wundertäter zu erscheinen zögert, da lehnt die Menge sich auf und will mit aller Gewalt, daß man ihm seinen Gott gebe! Adonai hat seine Wirkung verfehlt, er wird ausgepfiffen, und man stellt ihm das goldene Kalb gegenüber. Flöten und Zimbeln parodieren Trompeten und Donnerschlag, und da das Volk die Berge nicht mehr tanzen sieht, fängt es seinerseits an zu tanzen. Moses, rasend geworden, zerschlägt die Gesetzestafeln und verwandelt den Schauplatz in ein ungeheures Blutbad. Das Fest wird im Blut ertränkt, die schlechte Menge beginnt wieder an den Blitzstrahl zu glauben, als sie das Schwert blitzen sieht. Sie wagt nicht mehr den Kopf zu erheben um Moses anzusehen; der furchtbarste Gesetzgeber ist wetterleuchtend geworden wie Adonai, er hat Hörner wie Bacchus und Jupiter Ammon, und von nun an wird er nur noch unter einem Schleier verhüllt erscheinen, damit das Entsetzen von Dauer sei und die Faszination sich fortsetze. Niemand wird von nun an diesem Mann, dessen Zorn schlägt wie Simun, der das Geheimnis des Blitzschlags und der unverlöschlichen Flammen kennt, ungestraft Widerstand leisten. Die Priester Aegyptens besaßen ohne Zweifel Kenntnisse von Naturgesetzen, zu denen die unseren erst viel später gelangen sollten. Wir haben schon gesagt, daß die assyrischen Magier die Elektrizität kannten und den Donner nachahmen konnten.

Mit demselben Unterschied wie zwischen Jupiter und Thersites hatte Moses die gleiche Auffassung wie Marat. Er dachte einiges Blutvergießen dürfte einen Pontifex der Zukunft nicht zurückschrecken, wenn es zum Heil eines der Welt zum

Licht bestimmten Volkes diente. Was hat Marat gefehlt, um ein Moses Frankreichs zu werden? Zwei große Dinge: Genie und Erfolg. Außerdem war Marat ein grotesker Zwerg und Moses ein Riese wenn man der göttlichen Eingebung Michelangelos glauben darf.

Wird man zu sagen wagen, der Gesetzgeber der Hebräer sei ein Betrüger gewesen? Der Betrüger gibt sich nie frei. Dieser Meister, der solche Klänge der Allmacht auf der entsetzlichen Leier des Todes zu spielen wagte, hatte sich als erster dem Bannfluch geweiht um das verflossene Blut zu sühnen; er führte sein Volk in ein versprochenes Land, das er selbst, wie er wohl wußte, niemals betreten würde. Eines Tages verschwand er inmitten der Höhlen und Abgründe wie Oedipus im Sturme, und niemals konnten die Bewunderer seines Genius seine Gebeine wiederfinden.

Die von der Notwendigkeit des Okkultismus überzeugten Weisen der alten Welt hielten mit großer Sorgfalt die Wissenschaft verborgen, die sie bis zu einem gewissen Grade zu Herren der Natur machte und bedienten sich ihrer nur, um ihren Lehren den Anschein der göttlichen Mitwirkung zu geben. Warum sollte man sie deswegen tadeln? Ist der Weise nicht der Bevollmächtigte Gottes bei den Menschen? Und wenn Gott ihm gestattet seinen Blitz einschlafen oder erwachen zu lassen, ist er es nicht immer selbst, der durch die Vermittlung seines Gesandten den Donner ertönen läßt?

In die Irrenanstalt müßte man jenen Tollkopf bringen, der behauptet: ich weiß ganz sicher, daß Gott *ist*. Noch wahnsinniger jener, der sagen wollte: ich weiß, daß Gott nicht ist. Ich glaube an Gott, aber wer er ist, weiß ich nicht! Und dennoch kommen Tausende von Männern, Frauen und Kindern und sagen euch: Ich habe ihn gesehen, ich habe ihn berührt, noch mehr, ich habe ihn gegessen und habe ihn in mir lebendig gefühlt. Seltsame Faszination eines absurden Wortes, wenn jemals dadurch die Ueberzeugung völlig gewonnen wurde, daß es schön ist, die Vernunft beiseite zu schieben und in verzückter Begeisterung zu rufen: „Dieses ist mein Fleisch, dies ist mein Blut!“

Gott hat es gesagt, der in den Tod ging, um in allen Menschen aufzuerstehen. Ihr Gläubigen, ihr allein versteht, warum Gott selbst sterben mußte, um uns das Mysterium seines Todes annehmen zu lassen!

Gott ist Mensch geworden um die Menschen zu Gott zu machen. Der fleischgewordene Gott ist Gott gewordene Menschheit. Wollt ihr Gott schauen, betrachtet euere Brüder. Wollt ihr Gott lieben, liebt euch untereinander. Erhabener, triumphierender Glaube, der die Herrschaft der universalen Einheit der erhabensten Nächstenliebe und der Verehrung des Unglücks weihen wird. Was ihr dem geringsten, das heißt vielleicht dem unwissendsten oder schuldigsten eurer Brüder tun werdet, das tut ihr mir und Gott. Versteht ihr das, ihr elenden Inquisitoren, wenn ihr Jesus Christus und Gott verbrannt habt....!

Gewiß, die Dichtung ist größer als die Wissenschaft, und der Glaube ist grandios und prächtig, wenn er vorherrscht und die Vernunft unterjocht. Das Opfer des Gerechten für den Schuldigen ist unvernünftig, aber die selbstsüchtigste Vernunft ist gezwungen zu bewundern. Hier liegt die große Bestrickung des Evangeliums, und ich gestehe, sollte man mich auch ein wenig der Torheit beschuldigen, ich der Feind aller Träume, der Gegner aller Einbildungen, die sich dem Wissen aufdrängen wollen, ich bleibe bezaubert, und ich will es bleiben. Ich bete mit geschlossenen Augen an um nicht feindliche Funken sprühen zu sehen, weil ich nicht anders kann, als an ein Unermeßliches, aber noch im Wort einer unendlichen Liebe verschleiertes Licht zu glauben, das ich in meinem Herzen sich entzünden fühle.

Alle großen Gefühle sind Faszinationen, und alle wirklich großen Männer faszinieren die Menge. „Der Herr hat es gesagt" ist die hohe Vernunft aller, die dazu geboren sind, ewig Jünger zu sein. „Ich liebe Plato, aber noch mehr die Wahrheit", ist das Wort eines Menschen, der sich Plato gleich fühlt, und folglich ein Lehrer sein muß, wenn er wie Plato oder Aristoteles die Gabe besitzt eine Schule zu faszinieren und zu entflammen.

Als Jesus von der großen Menge sprach, sagte er: „Ich will, daß sie schauen und nicht sehen, daß sie hören und nicht verstehen, denn ich fürchte ihre Bekehrung und hätte Angst sie zu heilen." Beim Lesen dieser schrecklichen Worte jenes, der sich der Menschenliebe geopfert hat, denke ich an jenen Crispinus, von dem Juvenal gesagt hat: At vitiis aeger solaque libidine fortis. Von allen Lastern erschöpft, schuldet er nur dem Fieber der Ausschweifung einen Rest der Kräfte. Welcher mitfühlende Arzt hätte das Fieber des Crispinus heilen wollen? Nur dem Tod wäre es möglich gewesen.

Wehe der profanen Menge, die nicht mehr durch das Ideal der großen Kräfte fasziniert wird. Wehe dem Toren, der weder an die göttliche Sendung des Priesters noch an das durch die Vorsehung gegebene Vorrecht des Königs glaubt! Er braucht eine Faszination und wird der des Goldes und der brutalen Freuden unterliegen und wird schicksalhaft von jeder Gerechtigkeit und Wahrheit ausgestoßen sein.

Handelt es sich darum das Wesen zu zwingen, ihre großen Mysterien zu vollbringen, so wirkt die Natur selbst als souveräne Priesterin und fasziniert zugleich Sinne, Geister und Herzen. Zwei sich begegnende magnetische Schicksalsmächte bilden einen unbesieglichen Gott, den man Liebe nennt. Dann verwandelt sich die Frau und wird zur Sylphide, Peri, Fee oder einem Engel. Der Mann wird zum Held, ja fast zu Gott! Diese armen Unwissenden sind genug betrogen, und welche Enttäuschung schaffen sie sich für die Stunde der Uebersättigung und des Erwachens!! Diese Stunde hinauszuzögern ist das große Geheimnis der Ehe. Um jeden Preis muß der Irrtum verlängert, die Torheit unterhalten, die unverstandene Täuschung verewigt werden. Dann wird das Leben zur Komödie, in welcher der Gemahl ein blendender, immer auf der Szene tätiger Künstler sein muß, wenn er nicht wie der Pantaleon der italienischen Farce gefoppt werden will; in welcher die Frau ihre Rolle der großen Kokette gründlich studieren und ihre berechtigten Wünsche ewig verbergen muß, wenn sie nicht will, daß man verlernt sie selbst zu begehren. Ein guter Haushalt ist ein verborgener Kampf mit jedem Tag, ein ermüdendes und schwieriges Mittel, aber auch das einzigste offenem Krieg zu entgehen.

Es gibt zwei große Mächte in der Menschheit: der bezaubernde Genius und die aus der Bezauberung hervorgehende Begeisterung. Seht jenen kleinen, blassen an der Spitze eines unermeßlichen Heeres stehenden Mann. Fragte man ihn: „Wohin führst du sie?" — „In den Tod," könnte ein nüchterner Zuschauer sagen. „Zum Sieg" würde das Heer mit Säbelgerassel freudig antworten. All diese alte Haudegen sind gläubig wie Polyeukt und erliegen der Bezauberung eines grauen Rokkes und eines kleinen Hutes. Auch grüßen die Könige sie, wenn sie vorübergehen und nehmen ihre Krone ab; werden sie bei Waterloo vernichtet, dann fluchen sie über den Platzregen der Kanonen, als ob es nur schlechtes Wetter sei und fallen alle in einer Reihe, indem sie durch den Mund Cambronnes dem Tode eine heitere Wette hinwerfen.

Es gibt einen tierischen Magnetismus, aber weit über diesen rein physischen Magnetismus muß man den wahrhaft moralischen, menschlichen Magnetismus stellen. Die Seelen sind polarisiert wie die Körper; und was wir Kraft der Faszination nennen, ist geistiger oder menschlicher Magnetismus.

Die Ausstrahlung eines großen Gedankens oder einer mächtigen Einbildung beim Menschen erzeugt einen anziehenden Wirbel, der den intellektuellen Sonnen alsbald Planeten und den Planeten Trabanten gibt. Am Himmel des Gedankens ist ein großer Mensch der Herd eines Universums.

Die unvollkommenen Wesen, die nicht das Glück haben einer geistigen Bestrickung zu unterliegen, stürzen sich selbst unter die Herrschaft der verhängnisvollen Faszination; so entstehen die schwindelhaften Leidenschaften und die Halluzinationen der Eigenliebe bei den Dummen und Tollen.

Es gibt weiße und schwarze Zaubereien. Die Thugs von Indien sind in den Tod verliebt. Marat und Lacenaire haben schwärmerische Anhänger gehabt. Der Teufel ist die Karikatur Gottes.

Bestimmen wir die Faszination näher: sie ist der Magnetismus der Einbildung und des Denkens, die durch Herstellung einer Empfänglichkeitssteigerung und durch Willensbeeinflussung gewonnene Herrschaft eines starken über einen schwachen Willen, der das Gleichgewicht der Vernunft noch nicht erlangt hat.

Ausgeglichen ist der Mensch, der sagen kann, was ist; ich glaube an das, was sein muß, und ich leugne nichts, was sein kann. Der Faszinierte wird sagen: ich glaube, was die Leute, an die ich glauben will, sagen; mit andern Worten, ich glaube, weil es mir zu glauben paßt. Ich glaube, weil ich gewisse Personen und gewisse Dinge liebe — hier können bestimmte, immer rührende und nichts sagende Phrasen stehen: der Glaube der Ahnen! das Kreuz meiner Mutter! — Mit andern Worten könnte der erste sagen: ich glaube aus Vernunft, und der zweite, ich glaube durch Faszination. Den Glauben anderer zu glauben, kann erlaubt sein und muß Kindern sogar befohlen werden. Wenn ihr mir entgegnet, daß Bossuet, Pascal, Fénelon als große Männer an offensichtliche Absurditäten geglaubt haben, dann werde ich auch dies nur schwer zugeben können; wäre es aber doch wahr, dann würde dadurch nur ein kindhaftes Handeln dieser großen Männer bewiesen.

Man sagt, Pascal glaubte immer, einen offenen Abgrund neben sich zu erblicken. Es scheint mir, als könne man nicht an seinen Abgrund glauben ohne dadurch Pascal die nötige Ehre zu versagen. Der faszinierte Mensch verliert seinen freien Willen und gerät vollkommen unter die Herrschaft des Faszinierenden. Seine Vernunft, die er für gewisse gleichgültige Dinge bewahren kann, verwandelt sich vollkommen in Torheit, sobald ihr versucht, ihn über die Dinge aufzuklären, die man ihm suggeriert. Er sieht und hört nur noch durch die Augen und Ohren derer, die ihn beherrschen; laßt ihn die Warheit sehen, er wird behaupten, daß sie nicht existiert. Er glaubt dagegen das Unmögliche zu sehen und zu hören, das man ihm versichert. Der hl. Ignatius hat geistige Exerzitien zusammengestellt um diese Art der Faszination bei seinen Jüngern zu pflegen. Er will, daß der Novize der Gesellschaft Jesu jeden Tag in der Stille und Dunkelheit seine Einbildungskraft darin übt, ein fühlbares Bild der Mysterien zu schöpfen, das er zu sehen sucht, und tatsächlich in einem willkürlichen und wachen Traum sieht, daß die Schwäche seines Gehirns allem Spuk des hl. Antonius und allen Schrecken der Hölle furchtbare Wirklichkeit geben kann. In ähnlichen Exerzitien wird das Herz hart und verzehrt sich vor Angst, die Vernunft schwankt und erlöscht. Ignatius hat den Menschen zerstört; aber er hat einen Jesuiten gemacht und die ganze Welt wird weniger stark sein wie dieses fürchterliche, künstliche Menschenbild.

Nichts ist so unversöhnlich wie eine Maschine. Einmal aufgezogen, bleibt sie nicht mehr stehen, wenn man sie nicht zerbricht.

Tausende von Maschinen zu schaffen, die man durch das Wort aufziehen kann, und die durch die Welt gehen um mit allen nur möglichen Mitteln den Gedanken der Maschinisten in die Wirklichkeit umsetzen, das ist das Werk Loyolas. Man muß zugeben, daß seine Erfindung in ganz anderer Art als die mathematische Maschine Pacals groß ist.

Ist dieses Werk aber moralisch? Ja gewiß, im Gedanken seines Schöpfers und aller Menschen, die sich der von ihnen für gut befundenen Sache so weit hingeben, daß sie ihr blindes und automatisches Räderwerk ohne Selbstbestimmung werden. Niemals wird das Böse die Menschen bis zu diesem Grade leidenschaftlich bewegen, niemals wird selbst die Vernunft und der einfache, gesunde Menschenverstand eine solche Steigerung erfahren. Die Demokratie kann Parteigänger und Märtyrer haben aber nie wirkliche Apostel, die fähig sind ihre Eigenliebe und ihre ganze Persönlichkeit für sie zu opfern. Ich habe anständige Demokraten gekannt und kenne sie noch. Jeder von ihnen stellt genau die Kraft eines isolierten Individuums dar. Der Jesuit nennt sich Legion. Warum ist der Mensch so kalt, wenn es sich um die Vernunft handelt, und so feurig, wenn für ein

Hirngespinst gekämpft werden muß? Weil der Mensch trotz all seines Hochmuts ein mangelhaftes Wesen ist, weil er die Wahrheit nicht aufrichtig liebt, sondern Illusionen und Lügen anbetet „Da wir sehen, daß die Menschen toll sind," hat der hl. Paulus gesagt, „haben wir sie durch die Torheit selbst retten wollen, indem wir der Verblendung ihres Glaubens die Tugend auferlegten." Das ist das große Geheimnis des Katholizismus, vom hl. Paulus dem Christentum Jesu eingeimpft und durch den Jesuitismus des Ignatius von Loyola vervollkommnet. Die große Menge braucht Absurditäten. Die Gesellschaft besteht aus einer kleinen Anzahl von Weisen und einer unendlichen Menge von Wahnsinnigen. Wir wollen wünschen, daß die Wahnsinnigen von den Weisen beherrscht werden.

Was sollen wir zu diesem Zweck tun? Sobald der Weise zeigt, was er ist, stößt man ihn zurück, verleumdet, verbannt und kreuzigt ihn. Die Menschen wollen nicht überzeugt werden, sie erwarten, daß man ihnen imponiert; um zu offenbaren, muß der Apostel sich den Anschein des Betrugs geben, das heißt: um die Wahrheit zu erneuern, muß er ihr einen neuen Schleier geben. Wer enthüllt in Wirklichkeit? Ein uneigennütziger Betrüger, der die elende Menge auf Umwegen zur Tugend führt. Was ist die elende Menge? Es ist der unermeßliche Schwarm der Dummen, Blöden, Tollen oder was auch immer an Titeln, Stellung und Reichtümern sie in der Gesellschaft haben mögen.

Ich weiß, man spricht sehr viel vom unbegrenzten Fortschritt, den ich lieber unbestimmbar nennen möchte; denn wenn die Kenntnisse in der Menschheit auch zunehmen, die Rasse verbessert sich doch offensichtlich nicht. Man erwartet von einer gesetzlichen Verbreitung des Unterrichts das Verschwinden aller Verbrechen, als ob der Unterricht die Menschen notwendigerweise besser machte, und Marat und Robespierre, diese entsetzlichen Schüler von Rousseau, nicht besseren Unterricht genossen hätten wie Rousseau selbst. Die gebildeten Schurken sind die vollkommensten und fürchterlichsten aller Verbrecher, und nie hat ihr Unterricht sie vom Bösen abgehalten, während einfache, ungelehrte Menschen selbstverständlich die schönsten Tugenden üben. Erziehung entwickelt die Fähigkeit des Menschen und gibt ihm die Möglichkeit, seine Neigungen zu befriedigen, aber sie ändert ihn nicht. Lehrt einen Dummen Mathematik und Astronomie, er wird vielleicht ein Leverrier, niemals ein Galilei werden.

Die gegenwärtige Menschenrasse besteht aus ein paar Menschen und einer großen Anzahl von Mischlingen, die ein wenig Aehnlichkeit mit dem Menschen und sehr viel mit dem Orang-Utang oder dem Gorilla haben. Es gibt indessen einige, die Aehnlichkeit mit weniger großen und hübscheren Affen beanspruchen könnten: das sind die liebenswürdigen Gecken, die unsern Kokotten als Männchen und Gimpel dienen. Ich frage mich, ob Gott ein Paradies für diese Tiere hat, und ob er je den Mut hätte, sie in die Hölle zu verdammen?

Wenn diese Tiere im Sterben liegen, dann erwacht manchmal ihre kleine menschliche Seite und quält sie; man ruft einen Priester, der Priester kommt auch, und warum sollte er nicht?

Die Nächstenliebe will nicht, daß man die Funken erstickt, aber was soll man ihnen sagen? Sie werden nichts Vernünftiges verstehen; man muß sie durch Zeichen, letzte Oelung, Segnungen und Absolutionen „in extremis“ faszinieren. Eine gestickte Stola, eine schöne Monstranz aus vergoldetem Silber. Sie sagen, was man sie sagen lassen will, sie lassen alles mit sich machen, was man mit ihnen machen will und sterben ruhig mit den

Segnungen der Kirche. Steht nicht im Evangelium geschrieben, daß Gott Menschen und Tiere retten wird? Homines et jumenta salvabis, Domine.

Die Schöpfungen der Natur sind in der Folge der Arten und Rassen fortschreitend, aber die Arten und Rassen wachsen und vergehen wie die Reiche und Einzelwesen. Alle Völker, die geglänzt haben, fangen nach und nach an zu erlöschen, und die ganze Menschheit wird das Los der Nationen teilen. Wenn die zur Hälfte zum Tier gewordenen Menschen in der nächsten Umwälzung verschwunden sein werden, dann wird eine neue Rasse von weisen und starken Wesen erscheinen, die für unsere Art das sind, was wir für die Affen sind.

Dann erst werden die Seelen unsterblich sein, denn sie werden würdig und fähig werden, die Erinnerung zu bewahren.

Einstweilen ist es sicher, daß das gegenwärtige Menschengeschlecht, weit davon entfernt Fortschritte zu machen, entartet. Eine entsetzliche Erscheinung vollzieht sich in den Seelen: die Männer haben keinen Sinn mehr für das Göttliche, und die Frauen, die nicht Maschinen der Eitelkeit und des Wohllebens sind, suchen im Glauben, den sie absurd lieben, nur einen Zufluchtsort gegen die Vernunft, die sie langweilt. In den Herzen ist die Poesie gestorben. Unsere Jugend liest Viktor Hugo, aber sie bewundert in diesem Dichter nur die Kraft der Sprache und die angeführten Beispiele des Denkens; im Grunde zieht sie Proudhon vor, findet ein wenig zu viel Gefühl bei Renan, und betrachtet Taine, Grenier und Büchner als ernste Männer. Im Theater verhöhnt man alle großmütigen Gefühle von ehemals; es ist nicht mehr das gewaltige Gelächter Rabelais', das die menschliche Dummheit verbessert, es ist das Grinsen einer possierlichen Plattheit, die alle Tugenden beleidigt.

Es ist mit der Liebe ebenso wie mit der Ehre: sie ist ein alter Heiliger, den man nicht mehr feiert. Der Name des höchsten und schönsten Gefühles, das die Natur einflößen konnte, wird kaum noch in der Unterhaltung der guten Gesellschaft gebraucht, und wird vielleicht zum anstößigen Wort herabsinken.

Ich bin durchaus kein Schwarzseher und schreibe nicht die Satire meines Jahrhunderts; ich stelle eine moralische Schwächung in der menschlichen Rasse fest und komme zu dem Schluß, daß die Religion der Magie mehr denn je an der Zeit ist, und daß man so armselige Wesen faszinieren muß, um zum Ziel zu kommen.

Es befinden sich im Evangelium Vorschriften, deren ganze Erhabenheit man früher fühlen konnte, und die in unseren Tagen lächerlich erscheinen würden, weil die Menschen nicht mehr dieselben sind.

„Geh, setze dich auf den letzten Platz", sagt Jesus, „und man wird dich einladen, auf den ersten zu rücken."

„Wenn du dich auf den letzten Platz setzest, so wird es für dich schon gut sein", antwortet die Welt heute.

„Wenn man dir deinen Rock nimmt, so gib auch deinen Mantel", sagt das Evangelium.— „Und wenn du ganz nackt sein wirst, wird ein Taugenichts dich segnen, und ein Schutzmann wird dich wegen Verstoßes gegen die Sittlichkeit auf die Wache führen", antwortet der unerbittliche Logiker.

„Sorgt nicht für den anderen Morgen." „Wenn euch das Elend überrascht, wird niemand an euch denken", antwortet die Welt.

„Suchet das Reich Gottes und seine Gerechtigkeit, so wird euch alles andere zufallen."

„Ja, wenn ihr es gefunden haben werdet, aber

nicht so lange ihr sucht, und ich fürchte, ihr werdet lange suchen."

„Weh den Lachenden, sie werden weinen; selig die Weinenden, denn sie werden lachen."

„Deine Achtung in Ehren, Herr, aber dies ist ein gewagtes Spiel, ebensogut könntest du sagen: Selig die Kranken, denn sie erwarten Gesundheit; wehe den Gesunden, denn sie erwarten Krankheit. Wenn die Lachenden unglücklich sind, und wenn ihr den Glücklichen, die weinen, nichts zu versprechen habt als über das Unglück ihrerseits zu lachen, wer wird dann wirklich glücklich sein?" — „Widersteht nicht den Schlechten, wenn einer dir auf die linke Backe schlägt, so biete ihm auch die rechte dar."

„Ein ausdrücklich unmoralischer Grundsatz. Dem Schlechten nicht widerstehen, hieße sein Mitschuldiger sein. Demjenigen, der dich ungerechterweise schlägt die andere Backe darbieten, wäre die Billigung seines Angriffs und die Herausforderung eines zweiten. Wenn du ihm die andere Backe geboten und eine zweite Ohrfeige erhalten hast, welchen Nutzen hast du dann? Dich mit dem Angreifer schlagen? Was hilft es also, die zweite Beleidigung abzuwarten um etwas tiefer einen Fußtritt zu bekommen? Das wäre wenig vornehm und grotesk."

Das würde unser Jahrhundert, wenn es zur Offenheit groß und mutig genug wäre, auf die vielleicht erhabensten Maximen des Evangeliums antworten. Heute besteht und muß ein ungeheures Mißverständnis zwischen Christus und der Welt bestehen. Unser Jahrhundert hat kein Gefühl mehr für das Erhabene und kein Verständnis für Helden. Garibaldi ist für unsere Staatsmänner nur eine wenig erfreuliche Inkarnation von Don Quichotte.

Er ist ein ernsthafter Hanswurst, der einige Kommissäre schlägt, sich gegen die listigen Krallen der Katze wehrt und eines Tages schließlich vom Teufel geholt werden wird zum großen Gespött der Zuschauer.

Die Welt hat keine Religion, sagte der Graf Josef de Maistre. Und deshalb, fügen wir hinzu, hat sie Blendwerk und Schwarzkünstler nötiger denn je.

Wer dem Priester nicht mehr glaubt, glaubt dem Zauberer. Wir haben unsere Bücher besonders für die Priester geschrieben, damit sie als wirkliche Magier den falschen Zauberer und seine Machenschaften nicht zu fühlen brauchen. Der Verfasser dieses Buches gehört zu der großen hohepriesterlichen Familie und hat sie nie vergessen. Daß doch die Priester sich der Wissenschaft wieder befleißigten, die entartete Welt durch Charakter erstaunen würden, sich über kleinliche Interessen und Begierden hinwegsetzen und Wunder der Nächstenliebe tun wollten! Die Welt läge ihnen zu Füßen! Wollten sie dann noch andere Wunder tun, Kranke durch Berührung heilen, wie der Zuave Jakob getan; wollten sie lernen zu faszinieren, und sie würden herrschen.

In der Medizin spielt die Faszination eine große Rolle. Der gute Ruf eines Arztes heilt schon allein eine Krankheit. Eine Ungeschicklichkeit Nelatons (wenn dieser berühmte Praktiker einer solchen überhaupt fähig war) würde mehr Erfolg haben als die größte Umsicht eines gewöhnlichen Chirurgen. Ein berühmter Arzt, erzählt man, habe einem sehr kranken Mann das Rezept eines Pflasters verschrieben und der Wärterin gesagt, indem er ihr das Rezept gab: „Sie werden ihm dies sofort auf die Brust legen“. Die mehr als einfache Frau verstand unter „dies“ das Rezept und legte es ganz heiß mit etwas Leinsamen auf die Brust des Kranken. Dieser fühlte sich sofort erleichtert und war am nächsten Tag gesund.

So heilen die großen Aerzte unseren Körper und die in guten Ruf stehenden Priester unsere Seele.

Wenn ich in diesem Kapitel vom Anfang menschlicher Entartung spreche, so verstehe ich darunter nicht Erscheinungen, die ich beobachten kann, und ich schließe nicht von der Entkräftung einer Rasse auf den Verfall des ganzen Geschlechts. Trotz der vielen traurigen Symptome hoffe ich noch auf ein Besserwerden vor der Zerstörung oder vielmehr vor der Wandlung des Menschen. Ich glaube, die Herrschaft des Messias wird zuerst kommen und eine lange Reihe von Jahrhunderten dauern. Ich hoffe, das Menschengeschlecht wird sein letztes Wort anders sprechen, als es die Kulturen von Ninive, Tyrus, Babylon, Athen, Rom und Paris getan. Was man für Altersschwäche halten könnte, sehe ich gern als Müdigkeit der Kindheit an. Die Herrschaft des Messias selbst ist aber nicht die Lehre von der Ewigkeit. Der hl. Johannes sagt, es wird ein neuer Himmel und eine neue Erde sein. Das neue Jerusalem wird nur erscheinen durch neue Völker, die über den gegenwärtigen Menschen stehen, und dann werden wieder andere Wandlungen kommen. Wenn die Sonne ein dunkler Planet und wir ihr Trabant geworden sind, wer weiß, wo wir dann sein, und in welcher Gestalt wir dann leben werden? Gewiß ist: das Sein ist Sein, es geht nicht aus dem Nichts hervor, das nichts ist, und aus welchem folglich nichts hervorgehen kann.

Alles was ist, ist gewesen und wird sein.

Ehied ascher Ehieh אהיה אשר אהיה

Kommen wir auf die Faszination und auf das Mittel, sie hervorzubringen zurück. Dieses Mittel liegt ganz in der Macht eines Willens, der sich steigert, ohne zu erstarren, und in Ruhe beharrt. Seid nicht toll, und glaubt endlich, daß ihr etwas Großes und Starkes seid; die Kleinen und Schwachen werden euch notwendigerweise für das halten, was ihr zu sein glaubt. Es ist nur eine Frage der Geduld und Zeit.

Wir haben gesagt, es gäbe eine rein physische Faszination, die zum Magnetismus gehört. Einige Menschen besitzen sie von Natur aus, und man kann sich die Fähigkeit aneignen, indem man sie durch allmähliche Erregung des Nervensystems übt.

Der berühmte Home, der diese außergewöhnliche Fähigkeit manchmal als Charlatan ausgenützt hat, besitzt sie ohne sich Rechenschaft davon geben zu können, da er in allem sehr beschränkt ist, was mit Wissenschaft zusammenhängt. Der Zuave Jakob glaubt bei seiner Faszination an die Mitwirkung von Geistern. Der geschickte Taschenspieler Robert Houdin verbindet Faszination mit Gewandtheit. Ein hoher, uns bekannter Herr bat eines Tages Houdin um Unterricht in der weißen Magie, dieser lehrte ihn einiges, hielt aber anderes zurück, von dem er behauptete, es nicht lehren zu können. „Dies sind für mich selbst unerklärliche Dinge," sagte er, „sie hängen mit meiner eigenen Natur zusammen: wenn ich Sie diese lehren wollte, wüßten Sie kaum mehr davon, und ich könnte Sie niemals in den Stand setzen, sie auszuführen."

Dies ist, um mit dem Volksmund zu reden, die Kunst oder Fähigkeit Sand in die Augen zu streuen. Man sieht, daß alle Magie ihre unaussprechlichen Geheimnisse hat, sogar die weiße Magie eines Robert Houdin.

Wir stellten es als eine Tat großer Menschenliebe hin, die Dummköpfe zu faszinieren und sie an Wahrheit glauben zu lassen, als sei sie Lüge, an Gerechtigkeit, als sei sie Parteilichkeit und das Vorrecht Eigensucht und Lüsternheit abzusetzen, indem man sie durch ihr Opfer auf Erden auf ein unermeßliches und ausschließliches Erbe im Himmel hoffen läßt.

Jedoch müssen wir bei aller Rücksichtnahme auf den Irrtum der Kinder und Schwachen jenen sagen, die sich des Namens Mensch würdig glauben, daß sie die ganze Kraft ihrer Vernunft und des Verstandes nötig haben, um selbst der Faszination zu entgehen.

Es ist grausam, ohne Einbildungen zu sein, wenn nichts sie ersetzt und die verschwundenen Trugbilder und erloschenen Irrlichter die Seele im Finstern zurücklassen.

Es ist besser, an Absurdes als an nichts zu glauben; es ist besser ein Betrogener als ein Leichnam zu sein. Die Weisheit aber besteht bestimmt in einer genügend begründeten Wissenschaft und einem genügend vernünftigen Glauben, um Zweifel auszuschließen. Zweifeln ist in der Tat Herumtappen der Unwissenheit. Was er weiß, führt ihn zur Vermutung der Existenz dessen, was er nicht weiß. Diese Vermutung ist sein Glaube mit nicht weniger Gewißheit wie die Wissenschaft der Hypothesen, solange sie das unerklärlich Bleibende nicht kühn definiert.

Ein wahrer Mensch begreift den Zauber ohne ihm zu verfallen, er glaubt an die Wahrheit ohne Donner und Trompeten, an Gott ohne Steintafeln, Arche oder goldenes Kalb. Um die Notwendigkeit der Gerechtigkeit zu fühlen, braucht er keine Erzählung vom großen Rächer oder ewigen Vergelter. Gewissen und Vernunft haben ihn genügend bekehrt. Wenn man von ihm bei Strafe ewiger Qual den Glauben an das „drei ist eins" verlangt. an das Gottsein eines Menschen oder Brotstückchens, dann kennt er den Wert dieser Drohung vollkommen und hütet sich, ohne Kenntnis des Ursprungs und der Tragweite dieses Mysterium zu belächeln. Die leugnende wie die bekräftigende Unwissenheit erscheinen ihm gleich verwegen; er ist nie über etwas erstaunt und ergreift in dunklen Fragen nie übereilt Partei.

Um der Faszination der Dinge zu entgehen, darf man weder ihre Vorteile noch ihre Lokkungen verkennen.

Wir wollen hierin den Lehren Homers folgen. Odysseus verzichtet nicht auf den Gesang der Sirenen, nur trifft er die wirksamsten Vorkehrungen, um seine Fahrt nicht dem Vergnügen und sein Schiff nicht den Klippen zu opfern. Wenn er die Schale der Circe umstößt und sie mit seinem Schwert einschüchtert, entzieht er sich nicht den Liebkosungen, die er bei ihr weckt, ohne sie zu kaufen oder ihr zu unterliegen. Die Religion wegen des gefährlichen Aberglaubens vernichten, hieße den Wein versiegen lassen wegen der Gefahr der Trunkenheit, hieße die Liebe wegen ihrer Irrungen und Leidenschaften fliehen.

Wie schon gesagt, hat das Dogma zwei Gesichter: Licht und Schatten. Wir wollen dem Licht ohne Streben nach Vermeidung des für die Erscheinung der Klarheit nötigen Schattens folgen. Jesus sagte: „Aergernisse sind notwendig“, und bei zu großem Drängen müßten wir vielleicht hinzufügen, es muß Aberglauben geben. Man kann auf diese in unseren Tagen trotz ihrer unbestreitbaren Augenscheinlichkeit zu oft verkannte Wahrheit nicht genug Nachdruck legen, daß Wille und Verstand bei aller Gleichheit des Menschen vor dem Gesetz sicher nicht gleich sind.

Das Dogma ist das große universale Epos von Glaube, Hoffnung und Liebe; die Dichtung der Nationen, die unsterbliche Blume des Menschheitsgenius: es muß gepflegt und ganz erhalten werden. Kein Wort davon darf verloren gehen. Kein Symbol, kein Rätsel, kein Bild darf abgetrennt werden. Wenn man ein Kind Fabeln von Lafontaine lehrte, und es würde bis zu seinem siebten Jahre an eine Sprache der Ameisen und Grillen glauben, müßte es nicht das entzückende Buch, das ihm seine Mutter geschenkt hat, zerreißen oder ins Feuer werfen, wenn es dann versteht, daß man unvernünftigen Wesen, die nicht sprechen können, ohne Betrug und Torheit keine vernünftigen Reden zuschreiben kann?

Mit der Achtung vor dem Dogma muß man jene vor der Autorität verbinden, das heißt vor der Hierarchie, der man sich äußerlich unterwerfen muß, wenn sie nur äußerlich ist, und innerlich, wenn sie wirklich ist. Wenn die Gemeinschaft oder die Kirche mir einen Menschen zum Herrn gibt, der weniger weiß wie ich, dann muß ich vor ihm schweigen und nach meiner eigenen Erleuchtung handeln; ist er jedoch klüger und besser als ich, so muß ich auf ihn hören und aus seinen Ratschlägen Nutzen ziehen.

Um der Faszination der Männer und Frauen zu entgehen, wollen wir niemals unser ganzes Herz an vergängliche und veränderliche Dinge hängen. Wir wollen im vergänglichen Wesen die unsterblichen Tugenden und die immer blühenden Schönheiten lieben. Wenn der von uns geliebte Vogel entfliegt, sollen uns deshalb alle Vögel verhaßt sein? Und wenn die Rosen, die wir gepflückt haben, deren Duft wir so gerne ahnen, in unseren Händen verwelken, so wollen wir deshalb nicht glauben, daß alle Rosenstöcke verdorrt sind und jeder Frühling verwelkt ist. Eine Rose vergeht sehr rasch, aber d i e Rose ist ewig. Soll ein Musiker auf die Musik verzichten, weil er seineGeige zerbrochen hat? Es gibt Vögel, deren Natur für den Winter nicht geschaffen ist; sie brauchen ewig Frühling, und für sie allein hört der Frühling auf Erden nie auf. Es sind die Schwalben, und ihr wißt, was sie tun, damit dies Wunder ganz natürlich zu ihrem Vorteil geschieht. Wenn die warme Jahreszeit zu Ende geht, fliegen sie dorthin, wo die schöne Jahreszeit beginnt; und wenn der Frühling nicht mehr da ist, wo sie sind, gehen sie dorthin, wo der Frühling ist.

XIV. Kapitel.

Die schwarze Intelligenz.

Alle jene Leute, welche die Eingeweihten mit Recht Laien nennen, die elende Menge, der Haufe der an Intelligenz und Herz schwachen und perversen Verderbten, jene, die den Gott des Schattens anbeten oder den Atheismus anzubeten glauben, sie alle hören immer ohne zu verstehen, weil sie dünkelhaft und arglistig sind. Selbst das Dogma, das man ihnen schon in absurder Form darbietet, um ihnen zu gefallen, verstehen sie noch absurder und oft im Widerspruch zu seiner Fassung.

Beobachtet sie genau, wenn sie maschinenmäßig wiederholen, es gibt nur einen Gott in drei Personen; und ihr werdet sehen, sie verstehen darunter eine Person in drei Göttern.

Sie haben sagen hören und wiederholen, Gott, das unendlich gute Prinzip ist überall, aber sie lassen finstere, unendliche Räume gelten, wo Gott nicht ist, da man dort Entbehrung, das heißt den Verlust Gottes leidet. Der Theologe Tauler fragte einen armen Mann oder vielmehr einen Mann, welcher arm war — denn der Theologe war der arme Mann — „Was würdest du tun, wenn Gott dich in die Hölle werfen wollte?" — „Ich würde ihn mit mir reißen" antwortete der erhabene Bettler „und die Hölle würde der Himmel sein."

Der Theologe bewunderte diese Antwort, die er nicht verstand.

„Ja," wird ein Rechtsgelehrter sagen, „Gott ist in der Hölle aber nur als Rächer."

Sagt als Henker, und wir wollen den Teufel, den ihr nicht mehr nötig habt, weglassen; das wird dasselbe Spiel sein.

Wenn sie von Erlösung sprechen, dann verstehen sie es so, als habe Gott in einer Zornesaufwallung (nicht wegen Pflaumen sondern wegen eines Apfels) alle seine Kinder dem Teufel verschrieben und sei nun gezwungen selbst den Tod zu erleiden um sie zurückzukaufen, ohne jedoch aufzuhören der Unveränderliche und der Ewige zu sein.

Wenn ihr von der Kabbala sprecht, so glauben sie immer, es handle sich um ein in Geheimschrift geschriebenes Zauberbuch, das den Teufel beschwört und die phantastische Welt der Sylphen und Gnomen, der Salamander und Wassergeister beherrsche. Handelt es sich um Magie, so sind sie noch beim Zauberstab und der Schale der Circe, welche die Menschen in Schweine verwandelt. Sie würden gerne Zoroaster mit Mohammed verwechseln, und Hermes Trismegistus dünkt ihnen ein seltsamer Name, dessen man sich bedient, um die Unwissenden zum Besten zu haben wie der des „schwarzen Mannes", mit welchem man Kinder ängstigt.

Die Unwissenheit hat wie der Glaube seine Orthodoxie; und für die falschen Gelehrten ist der ein Ketzer, der Dinge weiß, die sie nicht kennen. Die Weisen dieser Welt stützen ihre Autorität auf das Alter des Irrtums, weil sie keine neuen Wahrheiten haben.

Man weiß übrigens, daß die erworbenen Irrtümer fast immer die fertige Stellung stützen. „So antwortest du dem Statthalter!", ruft ein Diener aus, indem er Jesus ohrfeigte, der soeben mit achtunggebietender Sicherheit gesprochen hatte. Wie, Mensch des Nichts, das ist die Autorität, die ihre Unwissenheit dadurch beweist, daß sie dich anklagt; und du behauptest zu wissen, was sie nicht weiß? Der Pontifex täuscht sich, und du bemerkst es? Er faselt, und du gestattest dir recht zu haben?

Napoleon I. verabscheute die Schwärmer, weil

er selbst der größte Schwarmgeist der Welt war. Er wollte die Macht ohne Widerstand schaffen; daher fehlte ihm die Widerstandskraft, als die impulsive Angriffskraft, die so lange die Seinige gewesen, sich plötzlich gegen ihn wandte.

Von Anfang der Geschichte sehen wir, daß immer die Wahrheit bei großen Unglücksfällen und Plagen regiert! Grausame, unbeugsame Wahrheit! Und da soll man sich noch über ihre Unbeliebtheit bei den Menschen wundern! Sie vernichtet ringsum die Illusionen der Könige und Völker, und hat sie manchmal ergebene Diener, dann stellt sie diese aus und überläßt sie dem Kreuz, Scheiterhaufen und Schaffot. Glücklich immerhin, wer für sie stirbt! Weiser werden aber diejenigen sein, welche ihr klug genug dienen, um nicht am Sockel des Martyriums zu zerschellen. Rabelais war sicher ein größerer Philosoph wie Sokrates, da er verstand der immer lebendigen Rasse des Anitus und Melitus dadurch zu entgehen, daß er sich selbst hinter der Maske des Aristophanes verbarg.

Galilei, dessen Name allein schon den ganzen Gerichtshof der heiligen Inquisition dem ewigen Gelächter preisgibt, war geistvoll genug, um weder die Folter noch den Kerker herauszufordern. Seine Zeitgenossen zeigen ihn auf einem Schloß mit den Inquisitoren trinkend und ohne Fußgestampf und Fäusteballen „inter pocula" sein ironisches Schriftstück der Abschwörung unterzeichnend ohne zu sagen: „E pur si muove" Man erzählt von einem Zusatz: „Ich schwöre auf euer Wort, daß die Erde unbeweglich ist, und werde nach eurem Wunsche hinzufügen, daß der Himmel aus Glas ist. Gäbe Gott, eure Stirnen wären es auch, dann würden sie das Licht einlassen." Rabelais wandte das Blatt und rief aus: „Und trinken wir von neuem!"

Wäre es nicht der lächerlichste Selbstmord,

wollte man sterben um den Wahnsinnigen zu beweisen, daß zwei mal zwei gleich vier ist? Da ein bewiesener Lehrsatz nicht mehr verneint werden kann, wird die Verleugnung einer mathematischen Tatsache zur Grimasse, deren Lächerlichkeit auf die zurückfällt, die sie kraft einer angeblich unfehlbaren Autorität verlangen. Galilei, der auf den Scheiterhaufen stieg um gegen die Kirche zu protestieren, war zum Ketzer geworden. Galilei, der seine wissenschaftlichen Erkenntnisse als Katholik ableugnete, hat dem Katholizismus des Mittelalters den Todesstoss versetzt.

Irgendjemand legte dem Verfasser dieses Buches eines Tages einen Artikel des Syllabus vor und sagte: „Hier ist die formelle Verdammung Ihrer Lehren. Sind sie katholisch, so geben Sie es zu und verbrennen Sie Ihre Bücher; verharren Sie dagegen bei Ihren Lehren, so sprechen Sie zu uns nicht mehr von Ihrem Katholizismus".

Der Artikel des Syllabus ist der siebte der zweiten Abteilung und die Lehren, die er verdammt sind folgende:

„Die in der heiligen Schrift dargelegten und erzählten Weissagungen und Wunder sind poetische Fiktionen, und die Mysterien des christlichen Glaubens sind die Zusammenfassung philosophischer Forschungen. In Büchern der beiden Testamente sind mystische Erfindungen enthalten und Jesus selbst ist ein Mythos." Ich setzte den, der mich zu verwirren glaubte, in Erstaunen, als ich ihm sagte, daß solches nicht meine Lehren seien. „Sieh", sagte ich zu ihm, „was ich lehre, oder vielmehr was die Kirche, die Wissenschaft und ich anerkennen".

„Die Weissagungen und Wunder sind in der heiligen Schrift in einer dem Orientalen eigenen poetischen Form dargestellt und erzählt.

Die Mysterien des christlichen Glaubens sind in Bezug auf die Ausdrücke durch philosophische Forschung bestätigt und erklärt. In den Büchern der beiden Testamente sind Parabeln enthalten, und Jesus selbst ist der Gegenstand einer großen Anzahl von Parabeln und Legenden."

Ich lege diese Lehren ohne Furcht dem Papst und dem Konzil der Zukunft vor. Ich bin im Voraus ganz davon überzeugt, daß sie nicht verdammt werden.

Die Kirche will mit Recht nicht, daß man danach strebt ihr zu widersprechen. Da ihre Unfehlbarkeit zur Erhaltung des Friedens in der christlichen Welt notwendig ist, muß diese Unfehlbarkeit ihr um jeden Preis erhalten bleiben. Wenn sie daher sagen würde: zweimal zwei ist drei, würde ich mich wohl hüten zu sagen, daß sie sich täuscht. Ich würde suchen, wieso und auf welche Art zwei mal zwei drei sein kann; und ich werde suchen um zu finden, dessen seid versichert. Zum Beispiel so: „Zwei Aepfel und zwei halbe Aepfel sind drei Aepfel." Wenn die Kirche eine Absurdität auszusprechen scheint, so legt sie ganz einfach ein Rätsel vor um den Glauben ihrer Anhänger zu prüfen.

Das nächste allgemeine Konzil wird sicher ein großes, ergreifendes Schauspiel, bei dem die Königin der alten Welt sich in ihren zerfetzten Purpur hüllend im Augenblick des Sturzes sich souveräner denn je behaupten und ihre durch neue Forderungen vermehrten Rechte angesichts eines bevorstehenden Raubes verkünden wird. Dann werden die Priester groß sein wie die Seeleute des „Vengeur", die auf einem untergehenden Schiff, anstatt sich zu ergeben in Zorn gerieten und ihre letzte Ladung abfeuerten, während sie ihre Fahne am äußersten Ende des Großmastes befestigten.

Sie wissen übrigens wohl, daß ein Vergleich sie

für immer vernichtet, und daß die Flamme der Altäre an dem Tage erlöschen würde, an dem die Altäre nicht mehr im Schatten stünden. Wenn der Vorhang des Tempels zerreißt, dann schwinden die Götter, und sie kehren zurück, wenn neue dogmatische Verbrämungen einen neuen Schleier gewebt haben.

Die Nacht weicht unaufhörlich dem Tag, aber nur um auf der anderen Seite der Halbkugel die Regionen zu überziehen, die die Sonne verläßt. Es muß Schatten geben, es muß undurchdringliche Mysterien für diese schwarze Intelligenz geben, die an das Absurde glaubt und dem durch die unermeßliche Verwegenheit des Glaubens begrenzten Despotismus der Vernunft das Gegengewicht hält. Der Tag umschreibt den Horizont und läßt die Grenzen der Welt sehen; die Nacht vor allem, die grenzenlose Nacht mit ihrer unermeßlichen Sternenwelt läßt uns das Gefühl des Unendlichen fassen.

Betrachtet das Kind: es ist der Mensch, wie er aus den Händen der Natur hervorgeht um mit Rousseau zu sprechen, und seht, welche Neigungen sein Geist hat. Wirklichkeit langweilt es, Fiktionen erregen es. Es versteht alles nur nicht Mathematik, es glaubt lieber den Fabeln wie der Geschichte. Denn Unendlichkeit liegt im ersten Lächeln des Lebens; die Zukunft erscheint so wunderbar am Ausgang der Existenz, daß man selbstverständlich inmitten sovieler Wunder von Riesen und Feen träumt. Das poetische Gefühl, das göttlichste aller Gefühle des Menschen läßt ihm zuerst die Welt wie eine Wolke des Himmels erscheinen. Dieser Sinn ist eine süße, oft weisere Torheit wie die Vernunft, wenn ich so sprechen kann, denn die engen Grenzen unserer Vernunft sind Schranken, die die Wissenschaft langsam weiter zurückzuschieben sucht, während die Poesie mit geschlossenen Augen in die Unendlichkeit springt und hier alle Sterne unserer Träume in Fülle ausstreut.

Die Kirche hat die Aufgabe, die Torheit des kindlichen Glaubens in richtigen Grenzen zu halten. Die Wahnsinnigen sind Gläubige ohne Disziplin, und die treuen Gläubigen sind Wahnsinnige, welche die durch die Autorität der Hierarchie dargestellte Weisheit anerkennen.

Möge die Hierarchie Wirklichkeit werden, mögen die Führer der Blinden nicht mehr selbst blind sein; dann wird die Kirche die Gesellschaft durch ihre wiedergewonnene Tugend und Macht retten, um sie nicht mehr zu verlieren.

Die Wissenschaft selbst braucht die Nacht, um die Menge der Sterne zu beobachten. Die Sonne verbirgt uns die Sonnen, die Nacht zeigt sie uns, und sie scheinen am dunkeln Himmel zu blühen wie übermenschliche Eingebungen im tiefen Dunkel des Glaubens. Die Engelsflügel zeigen sich weiß während der Nacht, am Tage find sie schwarz.

Das Dogma ist nicht unvernünftig, es ist außervernünftig oder übervernünftig und war immer der Inbegriff des höchsten Strebens der okkulten Philosophie. Lest die Geschichte der Konzilien, ihr werdet in den ketzerischen Neigungen immer einen Schein von Fortschritt und Vernunft finden. Die Kirche scheint immer Absurdes zu behaupten und der schwarzen Intelligenz Anlaß zum Erfolg zu geben. So, wenn Arius die göttliche Einheit zu retten sucht, indem er sich eine Gott ähnliche, aber über ihn erhabene Substanz vorstellt. (Gottes unstoffliche und unendliche Substanz!) In Nicäa verkündet die Kirche die der Einigkeit Gottes analoge Einheit der Substanz. Will man aus Jesus Christus eine Zwittergestalt machen, die aus göttlicher und menschlicher Natur besteht, dann verwirft die Kirche diese Mischung des Endlichen mit dem Unendlichen und erklärt, daß Jesus Christus nur eine Person sein kann. Weiht Pelagius durch Ueberschätzung des menschlichen Hochmuts und der Verpflichtung des freien Willens die große Masse der Sünder unwiderbringlich der Hölle, dann sichert die Kirche die Gnade zu, die zum Heil der Ungerechten wirkt, und die durch die Kraft der Auserwählung die Unvollkommenheit des Menschen ergänzt. Die der Jungfrau, der Mutter Gottes, gewährten Vorrechte empören die protestantischen Biedermänner und sie sehen nicht, daß es das Menschentum ist, das man in dieser anbetungswürdigen Personifikation aus den Banden der Erbsünde löst, daß es die Menschheit ist, die man wieder zu Ehren bringt. Diese Frau, die man erlebt, ist die Mutter, die man verherrlicht: Credo in unam, sanctam, catholicam et apostolicam Ecclesiam.

Das katholische, d. h. das universale Dogma gleicht der Wolke, die in der Wüste vor den Israeliten herschwebte, dunkel am Tage und leuchtend während der Nacht. Dies Dogma ist das Aergernis der falschen Weisen und das Licht der Unwissenden. Beim Durchgang durch das Rote Meer, sagt der Exodus, senkte sich die Wolke zwischen die Hebräer und die Aegypter, leuchtend für Israel und finster für Aegypten; so ist es immer mit dem universalen Dogma gewesen, das nur die Eingeweihten begreifen sollen. Es ist zugleich Licht und Klarheit. Um den Schatten der Pyramiden zu vernichten, müßte man die Pyramiden stürzen; ebenso ist es mit dem Dunkel des ewigen Dogmas. Man sagt und wiederholt täglich, daß eine Versöhnung von Religion und Wissenschaft unmöglich sei. Man irrt im Wort: es muß nicht Versöhnung, sondern Verschmelzung oder Vereinigung heißen. Wenn Wissenschaft und Glaube bis jetzt unverständlich schien, so rührt das daher, daß man immer umsonst versucht hat, sie zusammen zu vermischen und zusammenzubringen. Es gibt nur ein Mittel, sie zu versöhnen, nämlich sie scheiden und sie absolut und vollkommen voneinander zu trennen. Den Papst um Rat fragen, wenn es sich um den Beweis eines Theorems handelt, einem Mathematiker eine theologische Unterscheidung vorlegen, wären zwei gleichwertige Absurditäten. Die unbefleckte Empfängnis der Jungfrau ist keine Frage der Entwickelungsgeschichte, und die Logarithmentafeln haben nichts mit Gesetztafeln gemein. Die Wissenschaft ist gezwungen, gelten zu lassen, was bewiesen, und wenn von einer Autorität bestimmt wird, daß es vernünftig und sogar notwendig ist einen Glaubensartikel zuzugeben, so kann der Glaube nichts davon verwerfen. Die Wissenschaft wird niemals beweisen, daß Gott und die Seele nicht existieren, und die Kirche ist gezwungen worden, ihr Wort vor den Beweisen des Systems von Copernikus und Galilei zurückzunehmen. Beweist das, daß sie in Glaubensangelegenheiten irren kann? Nein, aber daß sie in ihren Grenzen Herr bleiben soll. Sie selbst behauptet nicht, daß Gott ihr die Lehren der universalen Wissenschaft geoffenbart habe.

Was durch die Wissenschaft beobachtet werden kann, sind die Phänomene, die der Glaube hervorbringt und nach den Worten von Jesus Christus selbst kann sie den Baum nach den Früchten beurteilen. Es ist offensichtlich, daß ein Glaube schlecht oder verführerisch ist, wenn er die Menschen nicht besser macht, ihre Gedanken nicht erhebt, ihren Willen nicht einzig im Schönen, Guten und Gerechten wachsen läßt. Das Judentum des Moses und der Bibel hat das große Volk von Salomo und den Makkabäern geschaffen. Die Judenkniffe der Rabbiner und des letzten Talmud haben den schmutzigen Wucher entstehen lassen, der das Ghetto vergiftet.

Der Katholizismus hat auch seinen verdorbenen

Talmud: der unsinnige Kram der Theologen, die Rechtsprechung der Inquisitoren, der ekelerregende Mystizimus der Kapuziner und Betschwestern. Auf diese antichristlichen und unreinen Lehren stützen sich materielle und beschämende Interessen. Gegen diese muß in jeder Art Einspruch erhoben werden, aber nicht gegen die Majestät der Dogmen.

Von den ersten Jahrhunderten an, als die Kirche vom Kaiserreich beschützt und befleckt wurde, haben Christen, die von der Kirche Heilige genannt werden, die Wüste zwischen sich und den Altar gestellt. Sie liebten ihn dennoch mit ganzer Seele, aber um zu beten und zu weinen gingen sie weit von ihm fort. Der Schreiber dieses Buches ist ein Katholik der Einsamkeit.

Die Einöde hat jedoch nichts fürchterliches und er hat die von Rabelais gegründete Abtei von Thelem immer der Einsiedelei des hl. Antonius vorgezogen. Die Menschheit hat keine Asketen mehr nötig, sie braucht Weise und Arbeiter, die mit ihr leben; und das Heil unserer Tage ruht auf diesem Preis.

In der Kabbala des Rabbi Schimeon Ben Jochai ist ein weißer und ein schwarzer Gott; es gibt in der Natur weiße und schwarze Menschen und auch in der okkulten Philosophie eine weiße und eine schwarze Intelligenz.

Um die Wissenschaft des Lichtes zu besitzen, muß man die Stärke und die Richtung des Schattens einschätzen können. Die kunstvollsten Maler haben Sinn für Licht und Dunkel.

Um gut lehren zu können, muß man sich in die Lage derer versetzen können, die schlecht verstehen.

Die schwarze Intelligenz ist Wahrsagung der Mysterien der Nacht, ist Gefühl für die Wirklichkeit der Gestalten des Unsichtbaren.

Sie ist der Glaube an die unbestimmte Möglichkeit, das Licht im Traume. In der Nacht gleichen alle Wesen den Blinden mit Ausnahme derer, die wie Nachteule, Katze und Luchs Phosphor im Auge haben. Nachts verschlingt die Eule die wehrlosen Vögel; wir wollen Luchsaugen haben um den Eulen den Krieg zu erklären, aber wir wollen nicht die Wälder anzünden unter dem Vorwand den Vögeln Licht zu schaffen.

Wir wollen die Mysterien des Schattens achten, und dabei unser brennendes Licht hüten, und wir wollen sogar unsere Lampen mit einem Schleier umgeben um die Insekten nicht anzuziehen, die während der Nacht so gerne das Blut des Menschen trinken.

XV. Kapitel.

Das große Geheimnis.

Das große Geheimnis, das unaussprechliche, gefahrvolle, unbegreifliche kann endgültig so gefaßt werden: dies Geheimnis ist die Göttlichkeit des Menschen.

Es ist unaussprechlich, denn sobald man es sagen will, ist sein Ausdruck eine Lüge und zwar die ungeheuerlichste.

Tatsächlich ist der Mensch nicht Gott. Und doch befiehlt uns die kühnste, glänzendste und zugleich dunkelste aller Religionen den Gott-Mensch anzubeten.

Jesus Christus, den sie als den wahren, vollständigen, endlichen und sterblichen Menschen wie wir erklärt, ist zugleich vollkommen Gott, und die Theologie wagt die Vereinigung der Idiome zu verkünden, das heißt die Anbetung des Fleisches. Zusicherung der Ewigkeit für den Sterbenden, Kaltblütigkeit für den Leidenden, Unermeßlichkeit dem, der sich wandelt, der Gott-Mensch endlich, der alle Menschen zu Gott machen will.

Die Schlange hat gesagt: Eritis sicut dii. Als Jesus Christus die Schlange unter dem zarten Fuß seiner Mutter vernichtet hat, wagt er zu sagen: Eritis non sicut dii, non sicut Deus, sed eritis Deus!

Ihr werdet Gott sein, denn Gott ist mein Vater, ich und mein Vater sind eins, und ich will, daß ihr und ich eins seid: ut omnes unum sint sicut ego et pater unum sumus.

Ich bin alt und weiß geworden über den unbekanntesten und gefürchtetsten Büchern des Okkultismus, die Haare sind mir ausgefallen, mein Bart ist lang geworden wie der der Wüsten-Väter; ich habe den Schlüssel der Symbole des Zoroaster gesucht und gefunden; ich bin in die Krypta des Mani eingedrungen, ich habe das Geheimnis des Hermes erspäht und vergessen mir einen Zipfel des Schleiers zu rauben, der ewig das große Geheimnis verhüllt; ich weiß, was die große Sphinx ist, die sich langsam angesichts der Pyramiden im Sande vergraben hat; ich habe die Rätsel der Brahmanen erforscht. Ich weiß, welche Mysterien Schimeon Ben Jochai zwölf Jahre lang mit sich im Sande begraben hatte, die verlorenen Schlüssel des Salamo sind mir im reichen Ueberfluß des Lichtes erschienen, und ich habe fließend in den Büchern gelesen, die Mephisto selbst dem Faust nicht übersetzen konnte. Nun wohl, nirgends, weder in Persien noch in Indien, weder in den alten Manuskripten (Palimpseste) des alten Aegypten noch in den verdammten, den Scheiterhaufen des Mittelalters entgangenen Zauberbüchern habe ich ein Buch gefunden, das tiefer, offenbarender, strahlender in seinen Mysterien, schrecklicher in seinen glänzenden Offenbarungen, sicherer in seinen Weissagungen, tiefer im Erforschen der Abgründe des Menschen und der unermeßlichen Dunkelheit Gottes, größer, wahrer, schlichter, schrecklicher und sanfter wäre als das Evangelium von Jesus Christus.

Welches Buch wurde mehr gelesen, bewundert, verleumdet, entstellt, verherrlicht, gequält und blieb unbekannter als dieses! Es ist wie Honig im Munde der Weisen und wie wildes Gift in den Eingeweiden der Welt: Die Revolution verwirklicht es, wenn sie es bekämpfen will: Proudhon windet sich um es los zu werden; es ist unbesieglich wie die Wahrheit und unantastbar wie die Lüge. Sagen, daß Gott ein Mensch ist: welche Gotteslästerung, o Israel, und welche Torheit, ihr Christen. Sagen, daß der Mensch sich zu Gott machen kann: welch abscheuliches Paradoxon! An das Kreuz mit dem Schänder des Geheimnisses, auf den Scheiterhaufen mit dem einweihenden Verführer, Christianos ad leonem!

Die Christen hatten Löwen nötig, und die durch das Martyrium in den Finsternissen des großen Geheimnisses völlig bezwungene Welt tastete wie Oedipus unsicher vor der Lösung des letzten Problems, des Mensch-Gottes.

Der Mensch-Gott ist eine Wahrheit, rief dann eine Stimme: aber er muß eins sein auf Erden wie im Himmel. Der unfehlbare, allmächtige Mensch-Gott ist der Papst, und ganz unten auf dieser Verkündigung, die in allen Formen geschrieben und wiederholt worden ist, kann man Namen lesen, unter denen auch Alexander Borgia steht.

Der Mensch-Gott ist der freie Mensch, hat dann die Reformation gesagt, deren Schrei man in den Mund der Protestanten hat zurückdrängen wollen, und der in dem Gebrüll der Revolution unterging. Das furchtbare Wort des Rätsels ausgesprochen und es nahm nur noch größere Dimensionen an. „Was ist Wahrheit?" hatte Pilatus gesagt, als er Jesus Christus verurteilte. Was ist Freiheit, sagt der moderne Pilatus und wäscht sich die Hände im Blute der Nationen.

Fragt die Revolutionäre von Mirabeau bis Garibaldi, was Freiheit ist, und es wird ihnen niemals gelingen sich zu verständigen.

Für Robespierre und Marat ist sie ein auf einen Schnitt eingestelltes Messer, für Garibaldi ein rotes Hemd und ein Säbel.

Für Idealisten ist sie eine Erklärung der Menschenrechte. Aber um welchen Menschen handelt es sich? Wird der Zuchthäusler unterdrückt, weil die Gesellschaft ihn in Ketten legt?

Hat der Mensch ganz einfach deshalb Rechte, weil er Mensch ist, oder nur wenn er auch gerecht ist?

Für die profane Menge ist Freiheit absolute Bejahung des Rechts, und das Recht scheint immer Zwang und Knechtschaft mit sich zu bringen.

Wenn Freiheit nur das Recht ist, Gutes zu tun, dann vereinigt sie sich mit der Pflicht und unterscheidet sich kaum von der Tugend.

Alles, was die Welt gesehen und bis heute versucht hat, gibt uns keine Lösung des von der Magie und dem Evangelium gestellten Problems: des großen Geheimnisses vom Mensch-Gott.

Der Mensch-Gott hat weder Rechte noch Pflichten, er hat Wissen, Willen und Können.

Er ist mehr als frei, er ist Herr, befiehlt nicht, läßt geschehen; gehorcht nicht, weil niemand ihm befehlen kann. Was andere Pflicht nennen, nennt er nur sein Vergnügen; er tut Gutes, weil er will und nichts anderes wollen kann, er trägt freiwillig zu jeder Gerechtigkeit bei, und das Opfer ist für ihn nur Luxus des moralischen Lebens und Pracht des Herzens. Er ist unversöhnlich für das Uebel, weil er keinen Haß gegen den Schlechten kennt. Er betrachtet die sühnende Buße als Wohltat und versteht keine Rache.

So ist der Mensch, der zum Zentralpunkt des Gleichgewichts gelangen konnte und ohne Gotteslästerung und Torheit kann man ihn Mensch-Gott nennen, denn seine Seele ist dem ewigen Prinzip der Wahrheit und des Lebens gleich geworden.

Die Freiheit des vollkommenen Menschen ist das göttliche Gesetz selbst; sie schwebt über allen menschlichen Gesetzen und über allen überkommenen Verpflichtungen der Kulte. Das Gesetz ist für den Menschen da, sagt Jesus, und nicht der Mensch für das Gesetz. Des Menschen Sohn ist der Herr des Sabbats, das heißt, daß die von Moses gegebene bei Todesstrafe befohlene Vorschrift den Sabbat zu heiligen für den Menschen nur so weit verpflichtend ist, als sie ihm nützlich sein kann, da er im letzten Grunde der souveräne Herr darüber ist. Alles ist mir erlaubt, sagt Paulus, aber nicht alles ist ratsam, mit anderen Worten, daß wir das Recht haben zu tun, was weder uns noch den andern schadet, und daß unsere Freiheit nur durch die Warnungen unseres Gewissens und unserer Vernunft begrenzt ist.

Der weise Mensch hat nie Zweifel, er handelt vernünftig und tut immer, was er will; so kann er in seinem Wirkungskreis alles und ist ohne Sünde. Qui natus est ex Deo non peccat, sagt der hl. Paulus, weil seine Irrungen unfreiwillig sind, können sie ihm nicht zugerechnet werden.

In dieser souveränen Unabhängigkeit soll die Seele durch alle Schwierigkeiten des Fortschritts vordringen. Das ist das wahre große Geheimnis des Okkultismus, denn so verwirklicht sich das geheimnisvolle Versprechen der Schlange: Ihr werdet sein wie Götter und Gut und Böse erkennen.

So verwandelt sich die Schlange Edens und wird die eherne, alle Wunden der Menschheit heilende Schlange. Jesus Christus selbst ist von den Kirchenvätern mit dieser Schlange verglichen worden, denn, sagen sie, er hat die Gestalt der Sünde angenommen, um die Fülle des Frevels in die Ueberfülle der Gerechtigkeit zu verwandeln.

Wir sprechen hier ohne Umschweif und zeigen die Wahrheit ohne Schleier, und doch fürchten wir nicht, daß uns die Schuld trifft ein verwegen Offenbarender zu sein. Wer diese Seiten nicht verstehen will, wird sie nicht verstehen, denn für die zu schwachen Blicke hüllt sich die Wahrheit, die man nackt zeigt, in einen Schleier ihres Lichts und verbirgt sich im Glanz ihrer eigenen strahlenden Helligkeit.

XVI. Kapitel.

Der Todeskampf Salomons.

Der Glaube ist Kraft der Jugend, der Zweifel ist ein Zeichen der Altersschwäche.

Der junge Mensch, der an nichts glaubt, gleicht einem Krüppel mit Runzeln und weißem Haar.

Wenn der Geist schwach wird, das Herz dorrt, zweifelt man an Wahrheit und Liebe. Wenn die Augen trübe werden, glaubt man, die Sonne leuchte nicht mehr und zweifelt sogar am Leben, denn man fühlt im Voraus das kalte Nahen des Todes.

Seht die Kinder! Welch erstrahlende Augen, welch unendlicher Glaube an Licht, Glück, Unfehlbarkeit der Mutter, die Lehren der Amme! Welche Mythologien sind ihre Erfindungen! Was geben sie an Seele ihrem Spielzeug und ihren Puppen! Welch Paradies ihre Blicke! Oh die schönen vielgeliebten Engel! Die Augen der kleinen Kinder sind Gottes Spiegel auf Erden. Der junge Mensch glaubt an Liebe, es ist das Alter des Hohenliedes der Liebe; der reife Mensch glaubt an Reichtümer, Siege und manchmal sogar an Weisheit. Salomo näherte sich dem reifen Alter, als er das Buch der Sprüche schrieb.

Dann hört der Mensch auf liebenswürdig zu sein und verkündet die Eitelkeit der Liebe. Er wird stumpf und glaubt nicht mehr an die Genüsse, die der Reichtum verschafft. Die Irrtümer und der Mißbrauch des Ruhmes verleiden ihm sogar die Erfolge. Seine Begeisterung erschöpft sich, sein Edelmut verbraucht sich, er wird egoistisch und mißtrauisch; dann zweifelt er sogar an Wissenschaft und Weisheit, und Salomo schrieb sein trauriges Buch des „Predigers“.

Was bleibt da noch von dem schönen, jungen Mann, der schrieb: „Meine Geliebte ist einzig unter den Schönen, die Liebe ist unbesiegbar wie der Tod, und wer für ein wenig Liebe sein ganzes Glück und Leben hingäbe, hätte es dennoch für nichts gekauft?" Ach, lest nun im Prediger folgendes.

„Ich habe unter tausend Männern nur einen gefunden und unter allen Frauen nicht eine. Ich habe alle Irrtümer der Menschen bedacht und gefunden, daß die Frau bitterer ist als der Tod. Ihre Reize sind das Netz des Jägers und ihre schwachen Arme sind Ketten." Salomo, du bist alt geworden.

Dieser Fürst hatte alle Monarchen des Orients an Pracht übertroffen; er hatte den Tempel gebaut, der ein Weltwunder war und nach den Träumen der Juden der Mittelpunkt der asiatischen Kultur werden sollte. Seine Schiffe kreuzten sich mit denen Hirams, des Königs von Pyrus. Die Reichtümer aller Völker strömten nach Jerusalem. Er galt als der weiseste der Menschen und der mächtigste der Könige. Er war in die Wissenschaft des Heiligtums eingeweiht und hatte sie in einem riesigen Sammelwerk zusammengestellt; er war durch zahlreiche Heiraten mit allen Machthabern des Orients verbündet. Er hielt sich für den absoluten Herrscher der Welt und glaubte die Zeit nahe, die Synthese aller Kulturen zu verwirklichen. Er wollte um den unerreichbaren Mittelpunkt, wo man die unbekannte Einheit Jehovas anbetete, die glänzenden Inkarnationen des Göttlichen in Zahlen und Formen anordnen. Er wollte, daß Juda den Künstlern erreichbar sei, und daß es dem Meißel des Bildhauers Götterstatuen zu schaffen gestatte.

Der Tempel Jehovas war einzigartig wie die Sonne, und Salomo wollte sein Weltall dadurch vollständig machen, daß er dieser Sonne Planeten und Trabanten gab. Deshalb ließ er auf den Bergen, die Jerusalem umgaben, Tempel bauen.

Gott in den Erscheinungen der Zeit geoffenbart wurde dort unter dem Namen Saturn oder Moloch angebetet. Salomo behielt allen Symbolismus dieses großen Bildes und unterdrückte nur das Opfer von Kindern und Menschen, er weihte dem Altar der Venus oder Astarte das Fest der Jugend, Schönheit und Liebe, dieses dreifache Lächeln Gottes, das die Erde festigt und tröstet.

Hätte er Erfolg gehabt, dann hätte der Ruhm und die Macht Jerusalems die Roms scheitern lassen, und das Christentum hätte kein Recht gehabt, zu erscheinen. Salomo wurde der den Hebräern versprochene Messias. Aber der Fanatismus der Rabbiner regte sich. Die alten Weisen, die den Sohn Bathsebas umgaben, wurden der Gottesverleugnung verdächtigt. Den jungen Schriftgelehrten und dem wühlerischen Schwarm der Leviten gelang es die Jugend von Rehabeam dem Sohne Salomos, zu verführen und eines Tages fühlte der alte König mit Entsetzen, daß sein Erbe sein Werk nicht fortsetzen würde. Zweifel kam da in sein Herz und mit dem Zweifel eine tiefe Hoffnungslosigkeit. Damals schrieb er: „Ich habe unermeßliche Arbeit getan und überlasse alles einem Erben, der vielleicht wahnsinnig sein wird. Alles ist eitel unter der Sonne und scheint sich in verhängnisvollen Kreisen zu drehen; der Gerechte ist hier nicht glücklicher als der Gottlose und es ist Eitelkeit sich dem Studium hinzugeben, denn dadurch, daß man sein Wissen mehrt, vergrößert man auch seinen Kummer. Der Mensch stirbt wie das Tier, und niemand weiß, ob der Geist des Menschen zur Höhe steigt, oder ob der Geist des Tieres in die Tiefe geht. Der zu weise Mensch verfällt in Stumpfsinn, und niemand weiß, ob er der Liebe oder des Hasses wert ist. Wir wollen also von einem Tag zum andern leben und warten, bis Gott uns richtet." „Wehe", sagte er noch, indem er bitter an seinen Sohn denkt, „wehe der Nation, deren Fürst nur ein Kind ist". Diese grenzenlose Traurigkeit einer großen, einsamen Seele auf dem Gipfel der Macht, die auf einmal die Erde und das Fehlen der Flügel fühlt, erinnert an die Klagen Hiobs und an den Ruf Jesu auf Golgatha: Eli, eli, lamma sabacthani.

Anstatt die Einheit der Welt mit Jerusalem als Mittelpunkt geschaffen zu haben, fühlte Salomo, daß sein eigenes Königreich gewaltsam zerrissen werden würde. Das Volk murrte und verlangte Reformen, die man ihm vielleicht schon lange versprochen hatte, der Tempel war fertig und die außergewöhnlichen Abgaben, die als Gegenstand oder Vorwand den Bau des Tempels hatten, waren nicht verringert worden.

Ein Aufrührer namens Jerobeam bildete eine Partei in den Provinzen: Rehabeam, der das blinde Werkzeug der angeblichen Aufseher geworden war, warf die philosophischen Bücher seines Vaters beinah öffentlich in das Feuer, und man fand sie nach Salomos Tod nicht wieder. Da glich der alte Meister der Geister verlassen von allen, die er liebte, dem König von Thule in der deutschen Ballade, der schweigend in seinen Becher starrt und mit Tränen gemischten Wein trinkt. Damals hat er die Freude verdammt, wenn er sagt: „Warum hast du mich betrogen?" Damals schrieb er: „Es ist besser in das Haus der Tränen als in das Haus des Lachens zu gehen." Aber warum? Er sagt es nicht. Später sollte eine größere Weisheit, bestimmt alle Tränen zu trocknen, ausrufen: „Selig seid ihr Weinenden, denn eines Tages werdet ihr lachen." So ist Jesus gekommen, um den Menschen Lachen und Glück zu versprechen. St. Paulus schrieb seinen Jüngern: „Seid immer in der Freude; semper gaudite".

Der Weise weint, wenn er glücklich ist, und lächelt tapfer, wenn er leidet. Die alten Kirchenväter bekämpften eine alte Hauptsünde und nannten sie Traurigkeit.

Man sagt, Salomo kannte die geheime Kraft der Edelsteine und die Eigenschaften der Planeten, aber es gibt ein Geheimnis, das er nicht wußte, als er den Prediger schrieb, ein Geheimnis von Glück und Leben, ein Geheimnis, das den Kummer vertreibt und Glück und Hoffnung ewig macht:

Das Geheimnis nicht alt zu werden!

Gibt es ein ähnliches Geheimnis? Gibt es Menschen, die niemals alt werden? Ist das Elixir des Flamel Wirklichkeit? Muß man, wie die zu leidenschaftlichen Freunde des Wunderbaren sagen, glauben, daß der berühmte Alchimist der Rue des Ecrivains den Tod betrogen hat, und daß er unter einem andern Namen noch heute mit seiner Frau Pernelle in einer reichen Einsamkeit einer neuen Welt lebt?

Nein, wir glauben nicht an die Unsterblichkeit des Menschen auf Erden. Aber wir glauben und wissen, daß der Mensch sich davor bewahren kann zu altern.

Man kann sterben, wenn man ein Jahrhundert oder fast ein Jahrhundert gelebt hat, es ist für die Seele dann Zeit, daß sie ihr Gewand aufgibt, das aus der Mode gekommen ist. Es ist Zeit nicht zu sterben, denn wir haben schon gesagt, daß wir nicht an den Tod glauben, aber nach einer zweiten Geburt zu streben um ein neues Leben anzufangen.

Bis zum letzten Seufzer aber kann man sich die naiven Freuden der Kindheit, die poetische Ekstase des jungen Mannes, die Begeisterung des reifen Alters bewahren. Man kann sich bis zuletzt an Blumen, Schönheit und Lächeln berauschen; man kann unaufhörlich das wieder ergreifen, was vergangen ist, und immer wieder finden, was man verloren hat. Im schönen Traum des Lebens kann man wirkliche Ewigkeit finden.

Was ist dazu nötig, werdet ihr mich sicher fragen? Lest aufmerksam und überdenkt es ernstlich, ich will es euch sagen:

Man muß sich selbst ganz vergessen und einzig für die andern leben.

Wenn Jesus gesagt hat: „Will jemand mir nachfolgen, so verleugne er sich selbst, nehme sein Kreuz auf sich und folge mir", hat er damit verlangt, daß man sich in Einsamkeit vergräbt? Er, der immer unter Menschen gelebt hat, die Kinder in seine Arme nahm und segnete, die gefallenen Frauen aufhob und weder ihre Liebkosungen noch ihre Tränen verachtete, der mit den Parias des Pharisäertums aß und trank, bis sie von ihm sagten: dieser Mensch ist ein Vielfraß und Trinker; der den hl. Johannes und die Familie des Lazarus zärtlich liebte, den hl. Petrus schützte, die Kranken heilte und die Menge speiste, dadurch, daß er die Nahrungsmittel durch Wunder der Nächstenliebe vermehrte? Worin gleicht dieses Leben dem eines Säulenheiligen oder Trappisten, und wieso hat der Verfasser einer berühmten, die Einsamkeit und die Sammlung in sich selbst lobenden Abhandlung es wagen können, ein solches Lehrbuch „Die Nachfolge Christi" zu nennen?

In den Andern, mit und für die Andern zu leben, das ist das Geheimnis der Nächstenliebe und des ewigen Lebens. Es ist auch das der ewigen Jugend. „Wenn ihr nicht werdet wie die Kinder, werdet ihr nicht ins Himmelreich kommen," sagte der Herr und Meister.

Lieben heißt: in denen leben, die man liebt, ihre Gedanken denken, ihre Wünsche erraten, ihre Neigungen teilen; je mehr man liebt, umsomehr bereichert man sein eigenes Leben. Der liebende Mensch ist nicht mehr allein, und sein Dasein vervielfältigt sich; er nennt sich Familie, Vaterland, Menschheit. Er stammelt und spielt mit den

Kindern, begeistert sich mit der Jugend, denkt vernünftig mit dem reifen Mannesalter und reicht dem Greisentum die Hand.

Salomo liebte nicht mehr, als er den Prediger schrieb, und er war durch Altersschwäche des Herzens der Blindheit des Geistes verfallen. Dieses Buch ist der Todeskampf eines erhabenen Geistes, der verlöschen wird aus Mangel an belebender Liebe. Er ist traurig wie das einsame Genie von Chateaubriand, wie die Poesien des XIX. Jahrhunderts. Und dennoch hat das XIX. Jahrhundert Victor Hugo hervorgebracht, der der lebende Beweis dessen ist, was ich gesagt habe. Dieser zuerst egoistische Mann ist in seiner Jugend alt gewesen; dann, als seine Haare weiß geworden, hat er die Liebe begriffen und ist wieder jung geworden. Wie verehrte er die Kinder! Wie nimmt er alle Fülle und alle Torheiten der Jugend in sich auf! Welch großen Pantheimus der Liebe geben seine letzten Gedichte! Wie versteht er Lachen und Weinen! Er hat den weltumfassenden Glauben Goethes und die philosophische Unendlichkeit Spinozas.

Er ist Rabelais und Shakespeare. — Victor Hugo, du bist ohne es zu wissen Magier und hast besser als der arme Salomo das Geheimnis des ewigen Lebens erkannt.

XVII. Kapitel.

Der Magnetismus des Guten.

Man sagt und wiederholt alle Tage, daß die Guten in diesem Leben unglücklich, und die Schlechten gedeihen und glücklich sind. Dies ist eine dumme und abscheuliche Lüge.

Diese Lüge rührt von dem gemeinen Irrtum her, der Reichtum mit Glück verwechselt; als ob man ohne Torheit sagen könnte, Tiberius, Caligula, Nero und Vitellius seien glücklich gewesen; sie waren wohl reich und noch mehr, sie waren Herren der Welt, und dennoch war ihr Herz ruhelos, ihre Nächte schlaflos und ihr Gewissen von Furien gepeitscht.

Würde ein Schwein zum Menschen, selbst wenn man ihm in einem goldenen Troge Trüffeln anböte?

Das Glück liegt in uns, nicht in unsern Näpfen, und Malfilatre, der Hungers starb, hätte sein Schicksal verdient, wenn er bedauert hätte kein gemästetes Schwein zu sein.

Wer ist glücklicher, Sokrates oder Trimalchio? (Diese Gestalt des Petronius ist die Karikatur von Claudius.) Trimalchio wäre an Magenleiden gestorben, wenn man ihn nicht vergiftet hätte.

Es gibt gute Menschen, die Armut und sogar Elend leiden, das leugne ich nicht, aber oft ist es auch ihre Armut, die sie ihren Anstand bewahren läßt. Reichtum würde sie vielleicht verderben und vernichten. Man darf nicht die als wirklich gute Menschen betrachten, die zu der Menge der Dummen, der mittelmäßig Mutigen und Willensschwachen gehören, die dem Gesetz aus Furcht oder Schwachheit gehorchen; die Andächtigen, die Angst vor dem Teufel haben, und die armen Teufel, die sich vor Gott fürchten. Alle diese Leute sind Tiere der Dummheit und können weder aus Gold noch Reichtum und Elend Nutzen ziehen; kann man aber den Weisen, den wirklich Weisen jemals beklagen, und wenn man ihm Böses tut, geschieht es nicht immer aus Neid? — Ihr, die ihr meine Bücher gelesen habt, wißt, was die beiden Schlangen des Merkurstabes bedeuten, es sind die beiden gegensätzlichen Strömungen des universalen Magnetismus. Die Schlange des schöpfenden und erhaltenden Lichtes und die Schlange des ewigen Feuers, die verschlingt um neu zu gebären.

Die Guten sind durch das unvergängliche Licht anziehend, belebt und erhalten; die Bösen werden vom ewigen Feuer verbrannt.

Es gibt eine magnetische und sympathische Vereinigung zwischen den Kindern des Lichtes, sie baden alle in der gleichen Quelle des Lichtes, sie sind alle glücklich, die einen durch das Glück der andern.

Der bejahende Magnetismus ist die sammelnde Kraft, der verneinende Magnetismus die zerstreuende.

Licht zieht Leben an, und Feuer bringt Zerstörung.

Der weiße Magnetismus ist Sympathie, der schwarze Magnetismus ist Abneigung.

Die Guten lieben einander, die Bösen hassen sich, weil sie sich kennen.

Der Magnetismus der Guten bringt ihnen alles, was gut ist, und wenn er keine Reichtümer anzieht, so gibt er sie nicht, weil sie ihnen schaden könnten.

Haben die Helden der antiken Philosophie und des ursprünglichen Christentums die heilige Armut nicht als strenge Hüterin der Armut und Mäßigkeit verstanden?

Sind übrigens die guten Menschen jemals arm? Haben sie nicht immer prächtige Gaben zu verschenken? Reich sein heißt geben, geben heißt sammeln, und der ewige Reichtum bildet sich nur aus dem, was man gibt.

Es existiert tatsächlich eine Atmosphäre des Guten wie eine des Bösen. In einer ahnt man ewiges Leben, in der andern ewigen Tod.

Der symbolische Kreis, den die gute, sich in den Schwanz beißende Schlange darstellt, das Pleroma der Gnostiker, der Nimbus der Heiligen in der „goldenen Legende", das ist der Magnetismus des Guten.

Jedes Haupt eines Heiligen strahlt; und die Strahlen der Heiligen verschlingen sich ineinander um Liebesketten zu bilden.

An die Strahlen der Gnade heften sich Strahlen des Ruhms; die Gewißheit des Himmels befruchtet die guten Wünsche der Erde. Die Gerechten, die gestorben sind, haben uns nicht verlassen, sie leben in uns und durch uns, sie geben uns ihre Gedanken ein und erfreuen sich an unseren. Wir leben mit ihnen im Himmel und sie kämpfen mit uns auf der Erde, denn wir haben gesagt und wiederholen es nochmals feierlich, der symbolische Himmel, den die Regionen dem Gerechten versprechen, ist kein Gut, sondern ein Zustand der Seelen. Der Himmel ist ewige, edelmütige Harmonie, und die Hölle, die unverbesserliche, ist der unvermeidliche Konflikt der verworfenen Instinkte.

Mohammed hat seinen Jüngern nach den Gewohnheiten des orientalischen Stiles eine Allegorie vorgelegt, die man für eine absurde Erzählung gehalten hat, ungefähr wie Voltaire es mit den Parabeln der Bibel macht.

Es gibt, sagt er, einen Baum, Tuba genannt, der so breit und dicht belaubt ist, daß ein im Galopp losjagendes Pferd hundert Jahre lang galoppieren würde, ehe es aus seinem Schatten käme. Der Stamm dieses Baumes ist aus Gold, seine Zweige tragen statt Blätter aus kostbaren Edelsteinen gefertigte Talismane, die, sobald man sie berührt, alles vom Himmel fallen lassen, was die wahrhaft Gläubigen wünschen, bald köstliche Gerichte, bald prächtige Gewänder. Dieser Baum ist für die Gottlosen unsichtbar, aber er bringt einen seiner Zweige in das Haus aller Gerechten, und jeder Zweig hat alle Eigenschaften des ganzen Baumes. Dieser allegorische Baum ist der Magnetismus des Guten, das, was die Christen Gnade nennen, was der Symbolismus der Genesis mit dem Baum des Lebens bezeichnet. Mohammed hatte die Geheimnisse der Wissenschaft erraten und spricht wie ein Eingeweihter, wenn er von den Schönheiten und Wundern des goldenen Baumes, des gigantischen Baumes Tuba erzählt.

„Es ist nicht gut, daß der Mensch allein ist," hat die ewige Weisheit gesagt, und dieses Wort ist der Ausdruck des Gesetzes. Niemals ist der Mensch allein, sei es im Guten, sei es im Bösen. Seine Existenz und seine Gefühle sind zugleich einzeln und gemeinsam.

Alles Licht, das geniale Menschen finden oder anziehen, erstrahlt der ganzen Menschheit. Alles Gute, was die Gerechten tun, hilft zugleich allen Gerechten, und erwirbt für die Schlechten die Gnade der Reue. Das Herz der Menschheit erstreckt seine Fasern in alle Herzen.

Alles Wahre ist schön, unter der Sonne ist nur Irrtum und Lüge nichtig. Selbst der Schmerz und der Tod sind schön, denn sie sind reinigende Arbeit und befreiende Verwandlung. Vergängliche Gestalten sind wahr, denn sie sind Offenbarungen der ewigen Kraft und ewigen Schönheit. Liebe ist wahr, die Frau ist heilig und ihre Empfängnis fleckenlos. Wahre Wissenschaft täuscht sich niemals. Vernünftiger Glaube ist keine Illusion. Das Lachen sympathischer Fröhlichkeit ist ein Ausdruck des Glaubens, der Hoffnung und Nächstenliebe. Gott fürchten heißt ihn verkennen; nur der Irrtum muß gefürchtet werden. Der Mensch kann alles, was er will, wenn er nur Gerechtigkeit will. Er kann sich auch in Ungerechtigkeit stürzen, aber er wird daran zerschellen. Gott offenbart sich dem Menschen durch den Menschen und in ihm. Wahrer Kult ist Nächstenliebe. Dogmen und Riten wechseln und folgen sich; Nächstenliebe verändert sich nicht, und ihre Macht ist ewig.

Es gibt auf Erden und im Himmel nur eine wahre Macht, nämlich die des Guten. Die Gerechten sind alleinige Herren der Welt. Die Welt zuckt, wenn sie leiden, sie wandelt sich, wenn sie sterben. Gerechtigkeit unterdrücken heißt Zusammenpressung einer Kraft weit schrecklicher als die der ausbrechenden Elemente. Nicht Völker machen Revolutionen sondern Könige. Der gerechte Mensch ist unantastbar ; wehe dem, der ihn berührt ! Die Cäsaren sind in Asche zerfallen, verbrannt vom Blut der Märtyrer. Billigt alles, was ein Gerechter will. Was ein Gerechter schreibt, unterzeichnet Gott ; und das ist ein ewiges Testament.

Das große Rätselwort der Sphinx ist Gott im Menschen und in der Natur. Wer den Menschen von Gott trennt, trennt ihn von der Natur, denn sie ist von Gott erfüllt und stößt den Atheismus mit Abscheu von sich. Wer den Menschen von der Natur trennt, ist wie ein Sohn, der um seinen Vater zu ehren ihm das Haupt abschlagen würde. Gott ist sozusagen das Haupt der Natur, ohne ihn wäre sie nicht, ohne sie würde er sich nicht offenbaren.

Gott ist unser Vater, aber die Natur ist unsere Mutter. „Ehre Vater und Mutter", sagen die zehn Gebote, „damit du lange lebest auf Erden". Emmanuel, Gott mit uns, das ist das heilige Wort der Eingeweihten, die nur unter dem Namen Brüder des Rosenkreuzes bekannt sind. In diesem Sinne hat Jesus Christus ohne zu lästern von sich als dem Sohne Gottes und Gott selbst sprechen können. In diesem Sinne will er, daß wir eins mit ihm seien, wie er eins ist mit seinem Vater, und so verwirklicht die neugeborene Menschheit in dieser Welt das große Geheimnis des Gott-Menschen.

Wir wollen Gott einer im anderen lieben, denn nie wird sich Gott uns anders zeigen. Alles, was in uns an Liebenswertem ist, ist Gott, der in uns ist. Man kann nur Gott lieben, und es ist immer Gott, den man liebt, wenn man aufrichtig lieben kann.

Gott ist Licht, er liebt die Finsternis nicht. Wollen wir also Gott in uns fühlen, so laßt unsere Seelen leuchten. Der Baum der Erkenntnis ist ein Baum des Todes für Satan und seine Apostel, er ist der Mazanillabaum des Aberglaubens, für uns aber der Baum des Lebens.

Breiten wir aus die Hände und nehmen die Früchte dieses Baumes; er wird uns von der Todesfurcht heilen.

Wir werden also nicht mehr wie die dummen Sklaven sagen: Dies ist gut, weil man es uns befiehlt und uns eine Belohnung verspricht, und jenes ist schlecht, weil man es uns verbietet und uns mit Strafe droht.

Sondern wir werden sagen: Laßt uns dies tun, weil wir wissen, daß es gut ist, und laßt uns jenes nicht tun, weil wir wissen, daß es schlecht ist.

Und so wird das Versprechen der symbolischen Schlange in Erfüllung gehen:

„Ihr werdet sein wie Gott, Gut und Böse erkennend."

symbolon

Die Buchreihe »symbolon« ist Teil eines Konzeptes, das der Arbeitskreis »symbolon« in den letzten Jahren entwickelt hat.
Die Arbeit dieses Kreises umfaßt Horoskop-Beratungen, Astrologie-Kurse, Esoterik-Kurse, Therapie-Gruppen, Einzel-Therapien und Phantasie-Reisen in Kassettenform. Nähere Informationen können unseren Büchern (Peter Orban: Die Reise des Helden, Kösel Vlg. 1983 und Astrologie als Therapie, Hugendubel 1986) sowie unserer Informations-Broschüre (»symbolon«, Eduard-Rüppell-Str. 3, 6000 Ffm 1) entnommen werden.
Da wir alle Lernende sind und insbesondere die Astrologie ein sehr tiefschürfendes Symbolsystem darstellt, so möchten wir es uns zur Angewohnheit machen, den erscheinenden Bänden dieser Reihe jeweils am Ende des Geburtshoroskop des Autoren (soweit verfügbar) beizugeben.
Der astrologisch interessierte Leser (und das werden zunehmend mehr) kann so über den Inhalt des Buches *und* das Horoskop des Autoren in einen Lernprozeß verwickelt werden, in dem er früher oder später die Einheit dieser beiden Symbolfiguren zu verstehen in der Lage ist.
Es läßt sich daran zeigen, daß das Leben eines Menschen und seine Form der Bearbeitung von »Welt« (in Form eines Buches) einer Gesetzmäßigkeit unterliegen.
Es dürfte die gleiche Gesetzmäßigkeit sein, die den Leser eines Buches ausgerechnet zu diesem Buch greifen läßt.

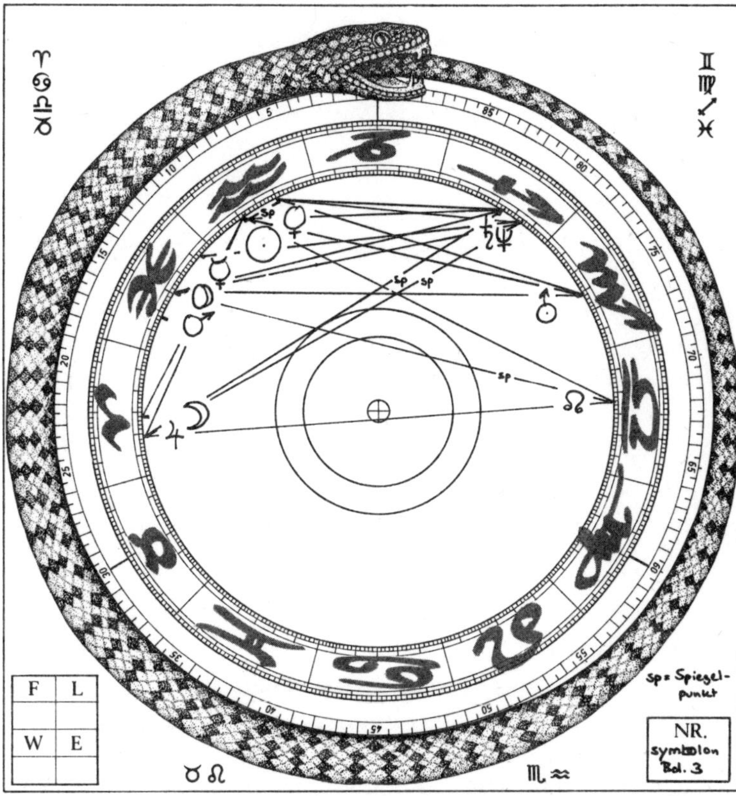

Name	Eliphas Levi (Alphons-Louis Constant)	Geb.-Datum 8.2.1910	Geb.-Zeit ?
Geb.-Ort	Paris	Breite 48°51'	Länge 2°20'15"

MEZ	?	MC	?
WZ		11	
K		12	
OZ		AS	?
ST		2	
KP		3	

☉	19° ♒	♃	20°40' ♈
☊	17° ♎	♄	13°10' ♐
☽	11°–21° ♈	♅	14°13 ♏ R
☿	3° ♓	♆	8°47' ♐
♀	10° ♒	⚸	14°18' ♓
♂	21° ♓	♇	

INHALTSVERZEICHNIS